| 就业技能培训教材 |

保安员基本技能

滕宝红 主编

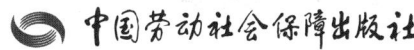
中国劳动社会保障出版社

图书在版编目（CIP）数据

保安员基本技能／滕宝红主编． --北京：中国劳动社会保障出版社，2024

就业技能培训教材

ISBN 978-7-5167-6476-3

Ⅰ．①保… Ⅱ．①滕… Ⅲ．①保安人员-中国-技术培训-教材 Ⅳ．①D631.3

中国国家版本馆 CIP 数据核字（2024）第 100129 号

中国劳动社会保障出版社出版发行

（北京市惠新东街 1 号　邮政编码：100029）

*

北京昌联印刷有限公司印刷装订　　新华书店经销

880 毫米×1230 毫米　32 开本　4 印张　90 千字

2024 年 6 月第 1 版　　2024 年 6 月第 1 次印刷

定价：13.00 元

营销中心电话：400-606-6496

出版社网址：http://www.class.com.cn

版权专有　　侵权必究

如有印装差错，请与本社联系调换：（010）81211666

我社将与版权执法机关配合，大力打击盗印、销售和使用盗版图书活动，敬请广大读者协助举报，经查实将给予举报者奖励。

举报电话：（010）64954652

前 言

为健全终身职业技能培训制度，适应职业技能培训高质量发展要求，进一步规范就业技能培训管理，提升培训的针对性和有效性，促进劳动者技能提升和就业，我们对原职业技能短期培训教材进行了优化升级，组织编写了就业技能培训系列教材。本套教材以相应职业（工种）的国家职业标准和岗位要求为依据，力求体现以下特点：

全。教材覆盖各类就业技能培训，涉及职业素质类，农业技能类，生产、运输业技能类，服务业技能类，其他技能类五大类。

精。教材中只讲述必要的知识和技能，强调实用和够用，将最有效的就业技能传授给受培训者。

易。内容通俗易懂，图文并茂，易于学习。

本套教材适合于各类就业技能培训。欢迎各单位和读者对教材中存在的不足之处提出宝贵意见和建议。

内 容 简 介

本书是保安员就业技能培训教材,主要内容包括:岗位认知、队列动作及防卫基础技术、守护、巡逻、安全检查等。

全书图文并茂,语言通俗易懂,内容紧密结合工作实际,突出技能操作,便于学员更好地掌握保安员基础知识和基本技能。

本书适合于就业技能培训,通过培训,初学者或具有一定基础的人员可以达到从事保安员工作的基本要求。本书还可供保安工作爱好者学习参考。

目 录

第 1 单元　岗位认知 ······················ 1

　　模块 1　保安员主要工作内容 ············ 1

　　模块 2　保安员职业道德 ················ 3

　　模块 3　保安员必备礼仪 ················ 5

第 2 单元　队列动作及防卫基础技术 ········ 9

　　模块 1　单个队员徒手队列动作 ·········· 9

　　模块 2　队形训练 ···················· 28

　　模块 3　擒拿格斗技巧和克敌制胜战术 ···· 32

　　模块 4　警用器械的使用和管理 ·········· 37

第 3 单元　守护 ·························· 49

　　模块 1　出入口守护 ·················· 49

　　模块 2　目标守护 ···················· 61

　　模块 3　车辆指挥 ···················· 69

· I

第4单元　巡逻 …………………………………………… 83

模块1　巡逻准备 ………………………………………… 83

模块2　巡逻实施 ………………………………………… 84

模块3　巡逻交接班 ……………………………………… 88

模块4　火灾事故 ………………………………………… 90

模块5　紧急救护 ………………………………………… 100

第5单元　安全检查 ………………………………………… 109

模块1　人员检查 ………………………………………… 109

模块2　物品检查 ………………………………………… 113

第 1 单元 岗位认知

保安员是指为公民、法人和其他组织提供安全防范服务的人员。随着社会的发展，人们对安全的需求大量增加，对享受到的安全服务质量也有着更高的要求，而安全服务质量取决于它的执行者——保安员。保安员职业已成为当今社会不可或缺的一部分。

模块 1 保安员主要工作内容

保安员根据法律、法规和国家关于保安服务的政策、规定，根据工作的环境特点、要求以及保安服务合同，为客户提供保卫安全的相关服务。保安员的主要工作内容见表 1-1。

表 1-1　　　　　　　　保安员的主要工作内容

工作项目	工作内容	工作说明
守护服务	出入口守护	（1）查验出入人员、车辆的证件，办理出入手续 （2）辨识出入人员、车辆和携带物品的异常现象并报告 （3）操作出入口安全设备设施，控制车辆、人员和物品进出 （4）处置出入口发生的突发事件
	目标守护	（1）发现并处置目标守护区域内可疑人员、物品以及其他安全隐患 （2）对目标守护区域发生案（事）件的现场进行保护

续表

工作项目	工作内容	工作说明
守护服务	车辆指挥	(1) 维护管辖区域车辆出入、停放的秩序 (2) 操作车辆进出管理系统 (3) 运用车辆指挥手势指挥车辆 (4) 维护管辖区域交通事故现场的秩序
巡逻服务	巡逻准备	(1) 准备好巡逻装备和器材 (2) 对巡逻区域进行现场勘查 (3) 识读巡逻勤务方案
	巡逻实施	(1) 发现巡逻区域内的可疑人员或物品 (2) 处置巡逻中发现的异常情况 (3) 对巡逻区域进行警戒 (4) 使用应急设备和防护器材处置突发事件 (5) 填写巡逻记录单
	灭火	(1) 在火灾发生初期报警 (2) 识别并使用各类灭火器 (3) 连接消防栓、水带和水枪喷水灭火 (4) 在火场中疏散人员与自救
	紧急救护	(1) 通过指压、包扎和使用止血带等止血方法紧急止血 (2) 进行头部、四肢创伤的包扎以及四肢骨折后的固定 (3) 实施心肺复苏
安全检查	人员检查	(1) 使用安检设备或徒手对受检者进行安全检查 (2) 发现并对人员安全检查现场异常情况进行处理 (3) 填写人员安全检查记录与报告单
	物品检查	(1) 区分违禁品、危险品和限带品 (2) 操作常用安检设备发现可疑物品 (3) 操作安检设备对可疑物品进行区分排查 (4) 处置排查出的违禁品、危险品和限带品

模块2 保安员职业道德

保安员是否遵守职业道德与保安服务业的兴衰息息相关,同时也是保安服务公司管理水平高低的直接体现。

一、保安员职业道德的定义

职业道德是人们从事某一职业时应遵循的道德规范和行业行为规范。

保安员职业道德是保安员在保安服务工作中应遵守的具有保安服务工作特点的道德规范和行业行为规范,是评判保安员执业行为是与非、善与恶的标准。

二、保安员职业守则

1. 遵纪守法,诚实守信

(1) 遵纪守法。保安员须认真学习相关法律法规,以提高知法守法的自觉性以及法律认知水平,进而运用法律武器保护自身的合法权益、保护客户的人身和财产不受非法侵害、维护社会治安秩序。

(2) 诚实守信。诚实是指忠诚老实,不讲假话。我国自古以来就把"童叟无欺"作为商业活动及为人处世的道德规范。守信是指信守承诺,说话算数,讲信誉,重信用。诚实守信是中华民族的传统美德,是人类在交往实践中总结出来的做人的基本准则,也是社会主义道德建设的根本。

保安员在提供保安服务时,既代表个人又代表保安服务单位,如果保安员不能诚实守信,那么他所代表的保安服务单位不仅得不到人们的信任，而且不能与社会进行有效交往。

2. 爱岗敬业，乐于奉献

（1）爱岗敬业。爱岗就是热爱自己的本职工作，能够为做好本职工作尽心尽力。敬业就是要用一种恭敬严肃的态度来对待自己的职业，即对自己的职业要专心、认真、负责。

爱岗敬业是保安员做好本职工作的重要前提。保安员只有真正从内心热爱本职工作，才能主动、刻苦地学习本职工作所需的各种知识和技能，并切实把本职工作做好。要做到爱岗敬业，保安员可以从以下几个方面着手。

1）树立"干一行，爱一行"的爱岗信念。在岗一天就要专心致志，以最大的热情来工作，不断增长知识、增长才干。

2）勇于承担职业责任。职业责任是指在一定的职业岗位上由岗位的性质、职能所赋予的特定职责。

3）不断提高保安服务技能。保安服务技能是保安员从事保安服务、履行职责的能力，包括专业技能、专业知识、法律常识等。保安员只有以较高的热情学习和掌握保安服务技能，才能提高服务质量和服务水平。

4）充分认识保安服务的社会价值。保安服务对于维护秩序、确保客户人身及财产安全、促进经济社会发展具有重要作用。保安员只有充分认识到保安服务的社会价值，才能从内心树立爱岗敬业的信念。

（2）乐于奉献。保安员作为社会安全的守护者，他们时刻保持着警觉性，无论是寒冬酷暑，还是风雨雷电，他们始终坚守在岗位上，为人们的安全付出辛勤劳动和艰苦努力，坚定不懈地履行着自己的职责，这本身就体现了乐于奉献的精神。

3. 文明值勤，热情服务

（1）文明值勤。文明值勤是指保安员在勤务活动中要做到礼貌待人、仪容严整，维护好保安员与保安服务单位的形象。礼貌待人是指保安员在值勤过程中，对待群众和客户要文明礼貌，切忌语言生硬、举止粗野。仪容严整是保安员精神风貌的体现。保安员应精神振作、着装整齐、举止端庄、姿态良好、文明礼貌，且不得有违反社会主义精神文明的行为。

《保安服务管理条例》明确规定："保安员上岗应当着保安员服装，佩戴全国统一的保安服务标志。"保安员在着装、仪容仪表、礼仪等方面须严格遵守规定。

（2）热情服务。保安员对来访人员或出入的员工，服务要热情、周到，并保持微笑；对需要帮助的员工等，应及时汇报并协助其解决困难；对员工等违反值勤规定的（如未带出入证），要耐心解释，礼貌劝阻，实在解决不了时，应及时汇报。

4. 强健体魄，见义勇为

（1）强健体魄。强健体魄指使体魄强壮健康。强健的体魄包括优异的体能和充沛的精力。保安员在职业活动中，应比一般人的活动速度更快、力量更大、耐力更强、灵敏性和柔韧性更强，这就要求保安员必须具备超越一般人的强健的体魄。

（2）见义勇为。见义勇为指看到正义的事勇敢地去做。保安员与违法犯罪分子英勇搏斗或者实施抢险、救灾、救人行为，应当认定为见义勇为行为。

模块 3　保安员必备礼仪

保安员礼仪是保安员在工作中的礼节和仪式，包括行为举止、仪表、谈吐等多个方面。

一、保安员的行为举止礼仪

1. 坐姿大方

坐着值勤时,坐姿应舒展、自然、大方。上身应挺直,双膝应并拢,双手不可随意扶拉桌、椅,勿弯腰驼背、垂肩、跷腿、晃身子等。与人交谈时,更应坐得端正,两眼平视对方,显得精神饱满。

2. 站姿端庄

站立值勤时,应收腹、直腰、挺胸,双肩稍向后放平,双臂自然下垂,保持姿势端正,体现出保安员的雄姿,切忌站得东倒西歪。

3. 行走稳健

行走值勤时,应抬头挺胸、平视前方,两腿有节奏地交替向前迈进,步伐应自然、稳健。

二、保安员的仪表礼仪

1. 着装整洁

保安员在值勤过程中,衣领、袖口要保持干净;不得将袖口和裤腿卷起,衬衣下摆不得外露;不得披衣、敞怀,制服更不得与其他服装混穿。值勤时必须按规定着保安制服,同一个班次值勤的保安员所着保安制服必须保持一致。

2. 佩带(戴)规范

值勤过程中,保安员应按规定佩带值勤用品,如对讲机、警棍等。此外,女保安员值勤时不得佩戴耳环、项链、戒指等饰物。

3. 仪容严整

头发要勤梳理,不准留大包头、大鬓角或者蓄长发、胡须,指甲要经常修剪。女保安员不得描眉、涂口红、擦胭脂、染指甲。

三、保安员的谈吐礼仪

1. 用语文明

保安员值勤时在与人交谈过程中，必须态度和蔼、言辞得体。例如：保安员在检查验证时，应说"请出示您的证件"；需要进行登记时，应说"麻烦您登记一下"；遇对方不友好时，应说"请您不要生气，我们慢慢说"；遇对方表示感谢时，应说"不用谢，这是我们应该做的"；等等。

2. 表达清晰得体

保安员在交谈时，应力求言简意赅、清楚明白，避免啰唆、含混不清。

保安员应讲普通话，尽量不讲方言。应避免逞口舌之快而与客户针锋相对，因为那样不但不能说服客户，还可能给以后的工作增加难度。在与客户沟通时，不要摆出一副教人的样子，应真诚地与客户交流，这样才能换来客户的真诚相待。

3. 谈话自然

保安员与人谈话时，应自然大方，切忌装腔作势、大呼小叫。

第 2 单元 队列动作及防卫基础技术

模块 1　单个队员徒手队列动作

一、立正、稍息、跨立

1. 立正与稍息

（1）口令。立正、稍息。

（2）动作要领。如图 2-1 所示，听到"立正"的口令后，两脚跟靠齐，两脚尖向外分开 60°，两腿挺直；小腹微收，自然挺胸，上身正、直并微向前倾；两肩要平，稍向后张；两臂下垂、自然伸直，手指并拢、自然微屈，拇指尖贴于食指的第二节，中指贴于裤缝；头要正，颈要直，口要闭，下颌微收，两眼平视前方。

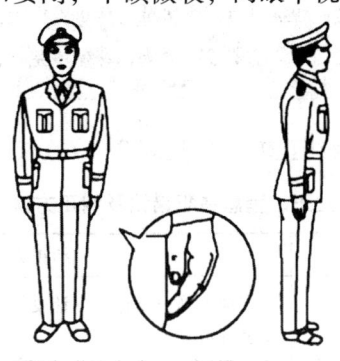

图 2-1　立正

听到"稍息"的口令后，左脚顺脚尖方向伸出约全脚的2/3，两腿自然伸直，上身保持立正姿势，身体重心基本落于右脚，稍息的时间过久，可自行换脚。

> **小提示**
>
> 1. 立正时，精神要振作，姿态要端正。立正动作要领可简要归纳为：三挺、两平、两收、一睁、一直线。
>
> 三挺：一挺腿、二挺胸、三挺颈。
>
> 两平：两肩要平，两眼平视。
>
> 两收：小腹微收、下颌微收。
>
> 一睁：两眼要睁大，上眼皮向上挑。
>
> 一直线：帽徽、鼻尖、衣扣线、两裤腿交线在一条直线上。
>
> （1）挺腿时，两腿并拢挺直，两膝向内、向后压，裆部夹紧，收腹提臀。
>
> （2）挺胸时，小腹微收，腰部挺直，使身体充分上拔，两肩稍向后张，胸部自然突出，肩窝衣服平展。
>
> （3）挺颈时，头向上顶，下颌微向后收，颈部微贴后衣领。
>
> （4）睁眼时，注意力要集中，眼要睁大，使黑眼球位于眼眶中央，注视远方比眼睛稍高的地方，保持20秒钟不眨眼，表情要严肃。
>
> 2. 稍息的动作要领可归纳为移、提、伸。
>
> 移：稍息时，迅速使重心落于右脚。
>
> 提：左脚跟稍提起，脚腕用力，脚掌迅速伸出，方向要正，距离要准。
>
> 伸：两脚自然伸直，重心基本落于右脚，身体不晃动，上身保持立正姿势。

（3）易犯错误及纠正方法（见表2-1）。

表2-1　　　　　立正、稍息易犯错误及纠正方法

	易犯错误	纠正方法
立正	两脚跟未靠拢	在地上画一条直线，让受训者两脚跟靠拢于直线处，反复练习

续表

	易犯错误	纠正方法
立正	两脚尖分开的角度或大或小	用角度尺进行矫正,或受训者用脚量取两脚尖距离是否为一脚之长
	两腿夹不紧	两膝向内向后用力,使两膝关节内侧并拢
	未挺胸	两肩向后向下用力,收腹
	上身左右倾斜	教练员纠正受训者的姿势或受训者面对军容镜自行纠正,使鼻尖与衣扣线在一条直线上
	弓手背、手腕不直、向前或向后弯	两手自然微屈,拇指贴于食指,在两肩后张基础上,两臂自然下垂,手腕自然伸直,中指贴于裤缝
	仰下颌	下颌微收向后方用力,头向上顶,脖子贴在后衣领上
	身体方向不正	首先调整两脚的位置,然后使身体保持正、直
	立正靠脚时,身体上窜,耸肩	两腿伸直,用脚腕、大腿的合力把脚收回,上身不动
	两脚跟靠拢时,不取捷径	靠脚,取捷径,由慢到快练习
稍息	出脚后方向不正,两脚距离过大或过小	沿正确出脚方向画一直线反复练习出脚,出脚后看左脚踝关节中央与右脚尖是否对齐
	出脚时弯腿、动作慢	两腿伸直,膝盖向后压,脚跟不要抬过高,绷脚面,脚腕用力
	出脚时身体重心前移	出脚时重心基本落于右脚,上身保持正、直

2. 跨立与立正

(1)口令。跨立、立正。

(2)动作要领。如图 2-2 所示,听到"跨立"的口令后,左脚向左跨出约一脚长,两腿挺直,上身保持立正姿势,身体重心落于两脚之间。两手放于背后,左手握右手腕,左手拇指根部与外腰带下沿同高；右手手指并拢自然弯曲，手心向后。

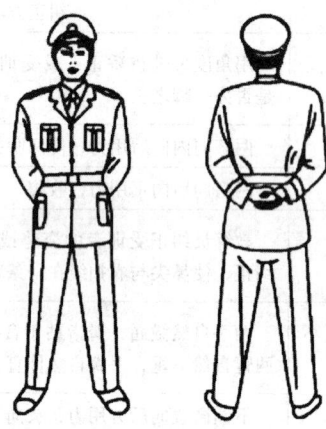

图 2-2　跨立

> **小提示**
>
> 1. 听到口令，跨步与背手动作要协调有力、节奏分明。
> 2. 两脚距离要适当，重心落于两脚之间。
> 3. 上身保持立正姿势，两眼平视前方。
> 4. 两手自然放于背后，右手手形准确，手心向后，左手拇指根部要与外腰带下沿同高。

（3）易犯错误及纠正方法（见表 2-2）。

表 2-2　　　　　跨立、立正易犯错误及纠正方法

易犯错误	纠正方法
跨步大于或小于一脚之长	受训者在身体左侧约一脚之长处放一障碍物，反复跨步练习，或用脚量取两脚间距离，看是否为一脚之长
重心不在两脚之间	两脚自然伸直，重心放在两脚之间

续表

易犯错误	纠正方法
挺腹未挺胸	上身充分上拔,收腹,自然挺胸,两肩在平的基础上稍向后张
肩部过度紧张	肩部和两臂的肌肉适当放松
颈、头未按立正要领	挺颈时,头向上顶,下颌微收,两眼平视前方
手形不对,手心方向、位置不准	两手放于背后,左手握右手腕,左手拇指根部与外腰带下沿同高;右手手指并拢自然弯曲,手心向后
动作转换不协调	受训者初学时,动作由慢到快,做到跨步、背手或靠脚、放手一次到位,动作协调有力

二、停止间转法

1. 口令及动作要领

(1) 向右(左)转

1) 口令。向右(左)——转。

2) 动作要领。以右(左)脚跟为轴,右(左)脚跟和左(右)脚掌前部同时用力,使身体协调一致向右(左)转90°,重心落在右(左)脚,左(右)脚取捷径迅速向右(左)脚靠拢。转体时,两腿挺直,上身保持立正姿势。

(2) 向后转

1) 口令。向后——转。

2) 动作要领。按向右(左)转的动作要领向后转180°。

(3) 半面向右(左)转

1) 口令。半面向右(左)——转。

2) 动作要领。按向右(左)转的动作要领向右(左)转45°。

> **小提示**
>
> 1. 转体时，腿要挺直，上身要保持立正姿势，靠脚要取捷径。
> 2. 停止间转法动作要领可以归纳为：两快、一正、一稳、一停顿。
>
> 两快：转体快、靠脚快。
>
> 一正：转体方向正。
>
> 一稳：身体稳。
>
> 一停顿：转体和靠脚之间要有停顿。

2. 易犯错误及纠正方法（见表2-3）

表2-3　　　　停止间转法易犯错误及纠正方法

易犯错误	纠正方法
转体时弯腿	身体上拔，两腿挺直，两膝后压
转体时上、下身体转向不一致	两脚同时用力，腰部肌肉适当紧张，脚、体转向要一致
转体时身体晃动站不稳	转体时要以脚跟为轴，裆部夹紧，上身向前上方送出，转到新方向后，全脚迅速抓地
转体时两臂外张	转体时两臂要贴紧身体
转体的角度过大或过小	转体时，前脚掌迅速着地，控制方向，反复练习、体会
靠脚时外扫并跺脚	强调取捷径迅速靠脚，用分解动作或慢动作反复练习
转到新的方向不是立正姿势	强调靠腿靠脚跟，以防靠脚不到位或过头

三、齐步走与立定

1. 口令及动作要领

（1）口令。齐步——走，立定。

第 2 单元　队列动作及防卫基础技术

（2）动作要领。如图 2-3 所示,听到"齐步——走"口令后,左脚向正前方迈出约 75 厘米,按照先脚跟后脚掌的顺序着地,同时身体重心前移,右脚照此法动作;上身正、直,微向前倾,手指轻轻握拢,拇指贴于食指第二节;两臂前后自然摆动,向前摆臂时,肘部弯曲,小臂自然向里合,手心向内,拇指根部摆到对正衣扣线,手臂到达最前方时,拇指根部离身体约 25 厘米;向后摆臂时,手臂自然伸直,手臂到达最后方时,手腕前侧距裤缝线约 30 厘米。行进速度为每分钟 116~122 步。

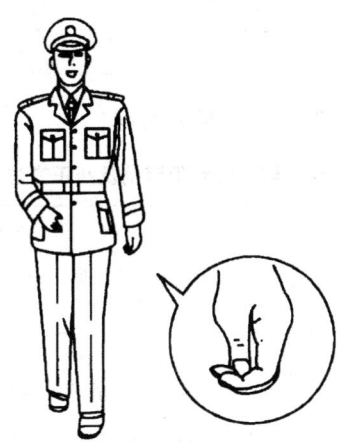

图 2-3　齐步走

听到"立定"口令后,左脚向前跨出大半步着地(脚尖向外分开 60°),两腿挺直,右脚取捷径迅速向左脚靠拢,成立正姿势。

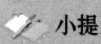小提示

1. 齐步行进时,精神振作,两眼注视前方,要体现出勇往直前的精神。
2. 摆臂自然,腿臂动作协调一致,迈脚按脚跟—脚掌顺序着地。

3. 齐步走与立定动作要领可归纳为：走直线，身体稳，摆臂自然，靠脚有力且准确。

走直线：两脚尖对着正前方，两脚内侧在一条直线上，不要走内、外八字步。

身体稳：不晃、不扭，保持身体平稳。

摆臂自然：肩关节放松，向前摆臂自然伸直，手指握拢，拇指贴于食指第二节，手的最高部位与最下方衣扣同高，向后摆，摆到手腕前侧距裤缝线约30厘米处。

靠脚有力且准确：立定时，左脚向前跨出大半步，右脚靠脚有力且准确，同时放臂，成立正姿势。

2. 易犯错误及纠正方法（见表2-4）

表2-4　　　　齐步走与立定易犯错误及纠正方法

易犯错误	纠正方法
脚尖方向不正（八字脚）	向前迈步时，脚要向正前方迈出，使两脚内侧基本行进在一条直线上，可画一条直线反复练习
全脚掌着地	上身正、直，出脚时，按脚跟—脚掌的顺序着地；脚跟着地后，脚腕稍用力，腿要伸直
上身摇摆晃动	挺腰挺胸，脚着地后，两膝适当后压，身体上拔
上身不正，伸脖探头，眼睛看地	行进时挺胸直腰，两肩要平；颈部挺直并轻贴后衣领，微收下颌；两眼平视前方，正、直前进
摆臂不自然，前摆不到位，后摆外张，或划弧、勾手	摆臂时两肩稍放松，前摆小臂自然向里合，肘部弯曲，使拇指根部正对着衣扣线并与最下方衣扣同高；后摆向后、下用力，臂、手腕自然伸直，可采用原地与行进结合的方式练习摆臂
腿、臂不协调	由慢到快，反复练习
步幅、步速不准	画步幅线、借助踏乐或秒表反复进行练习
立定时，身体后仰	左脚向前跨出大半步后，腰挺直，身体重心前移

续表

易犯错误	纠正方法
靠脚后角度小	左脚向前跨出大半步时，脚尖稍向外分开
靠脚时下坐、跺脚	靠脚时脚腕用力，压膝盖，腿伸直；脚跟用力取捷径靠脚
靠脚、放臂不一致	左脚着地后，两臂停止摆动，靠脚的同时放臂

四、正步走与立定

1. 口令及动作要领

（1）口令。正步——走，立定。

（2）动作要领。如图 2-4 所示，听到"正步——走"口令后，左脚向正前方踢出（腿要绷直，脚尖下压，脚掌与地面平行，离地面约 25 厘米），适当用力使全脚掌着地，同时身体重心前移，右脚照此法动作；上身正、直、微向前倾；手指轻轻握拢，拇指贴于食指第二节；手臂摆到最前方时，肘部弯曲、小臂略放平，对应手心向内稍向下，手腕离身体约 10 厘米；手臂摆到最后方时，对应左手心向右，右手心向左，手腕距裤缝线约 30 厘米。行进速度每分钟 110~116 步。

听到"立定"的口令后，左脚向前大半步着地，脚尖向外分开 60°，两腿挺直，右脚取捷径迅速向左脚靠拢，成立正姿势。动作要领可归纳为：踢、绷、摆、跟。

踢：稍提胯，小腿带动大腿迅速踢出。

绷：绷脚面，压膝盖，腿绷直。

摆：摆臂时，手腕用力，小臂带大臂上端，后摆时手向下、向后摆。

跟：脚适当用力着地的同时，身体前跟。

保安员基本技能

图 2-4　正步走

2. 易犯错误及纠正方法（见表 2-5）

表 2-5　　　正步走与立定易犯错误及纠正方法

易犯错误	纠正方法
手形及位置不准	四指轻轻握拢，手腕伸直，拇指贴于食指第二节，可做原地摆臂练习
运臂方法不正确	两肩放松，两臂轻贴身体，利用手腕的力量，自下而上端小臂，向后摆臂时用手的侧面向下摆，做到先下手后下肘
脚掌与地面不平行，跷脚尖	踢腿时绷脚面、提脚跟、脚趾下压鞋面
脚离地面高度不准	拉一条高 25 厘米的高度线，或面对参照物取好距离反复进行踢腿练习
脚着地时，上身后仰，着地无力	踢腿后，收小腹，上身正、直并稍向前倾，腰部稍用力前推，利用脚腕的力量，使全脚掌着地
臂、腿不协调	做到"落地臂不动，踢腿摆臂猛"，可采用由慢到快的方法反复练习

续表

易犯错误	纠正方法
步幅、步速不准	画步幅线、借助踏乐或秒表，反复进行练习
立定时身体后仰	左脚向前跨出大半步的同时，身体重心迅速前移
脚跟靠不齐	右脚取捷径靠左脚，脚跟并拢，反复练习

五、跑步走与立定

1. 口令及动作要领

（1）口令。跑步——走，立定。

（2）动作要领。如图2-5所示，听到预令——"跑步"，两手迅速握拳，提到腰际，约与腰带同高，拳心向内，肘部稍向里合。听到动令——"走"，上身稍向前倾，两腿微弯，同时左脚利用后脚掌的蹬力跃出约85厘米，前脚掌先着地，身体重心前移，右脚照此法动作。两臂前后自然摆动，向前摆臂时，大臂略直，肘部贴于腰际，小臂略平，稍向里合，拳摆动至衣扣线前方时，拳内侧距衣扣线约5厘米；向后摆臂时，拳贴于腰际。行进速度为每分钟170~180步。

图2-5　跑步走

> **小提示**
>
> 1. 听到预令——"跑步",握拳提臂要迅速;听到动令——"走",第一步要跃出。
> 2. 跑步行进时,上身不得晃动,两臂在腰际水平运动。
> 3. 立定时身体要稳,左脚向前跨出大半步,收左拳于腰际,右臂停止摆动。
> 4. 立定时靠脚、放臂要一致。

2. 易犯错误及纠正方法(见表 2-6)

表 2-6　　　跑步走与立定易犯错误及纠正方法

易犯错误	纠正方法
提拳位置不准,握拳不正确	四指蜷曲,提拳取捷径到腰际,拳心向内
第一步跃不出	练习时,两腿微弯,上身微向前倾,借助用脚蹬地产生的反作用力跃出第一步,反复进行练习
运臂方法不正确	用肘部力量,前后水平运臂
前摆过高,后摆过低	向前摆臂时,大臂略直,轻轻夹紧,肘部轻贴腰带;向后摆臂时,拳贴于腰际,不离腰带,可在原地进行摆臂练习
两拳绕腹运动	练习时强调肘部向里合,向前摆臂到最前方时,相应的拳头距衣扣线约 5 厘米
立定时步子过大,垫步	最后两步稍小,步速稍慢,左脚向前跨出大半步,靠脚时两腿挺直,右脚取捷径向左脚靠拢
靠脚不齐,扫腿,跺脚	取捷径,靠脚,由慢到快体会练习,立定后强调直腿

六、步法变换

1. 齐步与正步的互换

(1) 口令。正步——走,齐步——走。

(2) 动作要领。齐步与正步互换的动、预令均落在左脚。听到动令——"走"后，右脚按原步法再走一步，从左脚开始换正步或齐步行进。齐步换正步的第一脚要适当停顿，以便使正步步速更稳，正步换齐步右脚最后一脚要抓实。

(3) 易犯错误及纠正方法（见表2-7）。

表2-7　　　　齐步与正步互换易犯错误及纠正方法

易犯错误	纠正方法
第一脚未踢出	换步时，腰要上顶，提胯，左脚踢出适当停顿
正步步速不稳	强调第一脚踢出适当停顿，行进中注意保持节奏
正步换齐步右脚抓地无力	可适当用力保证右脚仍是按正步的要领着地

2. 齐步与跑步的互换

(1) 口令。跑步——走，齐步——走。

(2) 动作要领。齐步与跑步互换的动、预令均落在右脚。齐步换跑步，听到预令——"跑步"，两手迅速握拳提到腰际，继续齐步行进，同时按跑步要领摆臂，快慢同齐步行进节奏；听到动令——"走"，左脚利用右脚的蹬力，第一步跃出。跑步换齐步，听到动令——"齐步"，继续跑两步，然后从左脚开始换齐步行进。

(3) 易犯错误及纠正方法（见表2-8）。

表2-8　　　　齐步与跑步互换易犯错误及纠正方法

易犯错误	纠正方法
齐步换跑步，听到预令摆臂不自然，听到动令第一步跃不出	听到预令迅速握拳，两臂自然摆动，第一步跃出约85厘米
换步时，节奏不明显	掌握好口令下达的时机与行进的速度，做到变换自然

七、行进间转向

1. 口令及要领

（1）齐步向右（左）转

1）口令。向右（左）转——走。

2）动作要领。听到动令——"走"后，左（右）脚向前半步，脚尖向右（左）约45°，身体向右（左）转90°，左（右）脚不转动，同时出右（左）脚按照原步法向新的方向行进。

（2）齐步向后转

1）口令。向后转——走。

2）动作要领。左脚向前迈出约半步，脚尖向右约45°，以两脚掌为轴，向后转180°，出右脚按照原步法向新的方向行进。

> **小提示**
>
> 1. 行进间转向，下口令时，注意预令三个字要连在一起。
> 2. 向右（后）转时，听到动、预令，均是右脚起右脚落；向左转，听到动、预令，均是左脚起左脚落。
> 3. 行进间转向时，要保持行进的节奏，两臂自然摆动，不得外张；两腿自然挺直，上身保持正、直；转向要准确，向前半步不宜过大，跑步转向时要控制好身体。

2. 易犯错误及纠正方法（见表2-9）

表2-9　　　　　行进间转向易犯错误及纠正方法

易犯错误	纠正方法
向前半步过大，前脚转动	向前半步稍小，转体时控制好前脚，出脚的同时身体重心前移
动作节奏不明显	上身正、直，自然挺胸，转体、出脚协调一致，两臂轻贴身体转动

八、蹲下、坐下、起立

1. 口令及要领

（1）口令。蹲下，坐下，起立。

（2）动作要领。如图 2-6 所示，听到"蹲下"的口令后，右脚后退半步，前脚掌着地，身体迅速蹲下，臀部坐在右脚跟上（膝盖不着地），两脚分开约 60°，手指自然并拢放在两膝上，上身保持正、直。蹲下过久，可以自行换脚。听到"起立"的口令后，全身协力迅速起立，右脚向左脚靠拢，成立正姿势。

听到"坐下"的口令后，左小腿在右小腿后交叉，迅速坐下（坐凳子时，左脚向左分开约一脚之长），手指自然并拢放在两膝上，上身保持正、直。听到"起立"的口令后，全身协力迅速起立，左脚向前半步，右脚向左脚靠拢，成立正姿势。

图 2-6 蹲下

> 小提示
> 1. 蹲下、坐下、起立的动作要迅速，要有节奏感，同时注意上身正、直，两眼有神。
> 2. 两手五指要并拢，肘部稍向里合。

2. 易犯错误及纠正方法（见表2-10）

表2-10　　蹲下、坐下、起立易犯错误及纠正方法

易犯错误	纠正方法
蹲下弯腰	抬头挺胸，压膝盖，上身正、直，重心落在右脚掌上
蹲下动作节奏不明显	后撤腿与蹲下，起立与靠脚分开做，中间留有停顿
坐不下	左小腿在右小腿后交叉，两膝前屈同时收腹，上身前倾，臀部靠脚跟迅速坐下
起不来	上身要前倾，使身体的重心落在两个外脚背上，两腿用力，提臀迅速起立

九、脱帽、戴帽、夹帽

1. 脱帽与戴帽口令及要求

（1）口令。脱帽、戴帽。

（2）要领。如图2-7所示，听到"脱帽"的口令后，双手迅速捏帽檐或帽前端两侧，将帽取下，取捷径置于左小臂，帽徽向前，掌心向上，手指扶帽檐或者帽前端中央处，小臂略成水平，右手放下。听到"戴帽"的口令后，按相反的顺序将帽戴上。

图2-7　脱帽

> **小提示**
>
> 脱帽、戴帽两手捏帽檐时两肘部要稍向里合，动作要自然协调，节奏要明显、流畅。

（3）易犯错误及纠正方法（见表2-11）。

表2-11　　　　脱帽、戴帽易犯错误及纠正方法

易犯错误	纠正方法
抬手、放手不正确	取捷径，贴着身体抬手、放手
脱戴帽中两手捏帽檐时两肘外张	肘部稍用力向里合
取下、戴上时头动	强调上身正、直，脖颈稍用力，手动，由慢到快练习
脱帽后扶帽时，左小臂不平，手形不对，肘部离开身体	肘部用力贴着身体，小臂与大臂垂直，把帽取下检查手形，不得弯手腕
帽置于左小臂时，帽墙后沿抬起，帽徽不朝前	四指向后、向下用力，使帽墙后沿贴到左小臂上，帽徽向前，反复练习

2. 夹帽与戴帽口令及要求

（1）口令。夹帽、戴帽。

（2）要领。听到"夹帽"的口令后，双手握帽檐或帽前端两侧，肘部稍向里合将帽取下，夹于左腋下，左手握帽墙，帽徽向前，帽顶向左。听到"戴帽"的口令后，按夹帽的相反顺序将帽戴好。

（3）重点要求。夹帽、戴帽两手捏帽檐时要稍向里合，动作要自然协调，节奏要分明流畅。

（4）易犯错误及纠正方法（见表2-12）。

表2-12　　　　夹帽、戴帽易犯错误及纠正方法

易犯错误	纠正方法
抬手、放手路线不正确	取捷径，贴着身体运臂

续表

易犯错误	纠正方法
夹帽、戴帽两手捏帽檐时,肘部外张	肘部稍用力向里合
取帽、戴帽时头动	脖颈稍用力自然挺直,头不动手动,由慢到快体会练习

十、敬礼、礼毕

1. 举手礼

（1）口令。敬礼,礼毕。

（2）动作要领。如图 2-8 所示,听到"敬礼"的口令后,上身正、直,右手取捷径迅速抬起,五指并拢自然伸直,中指微接帽檐右角前约 2 厘米处（戴无檐帽或者不戴帽时微接太阳穴,与眉同高）,手心向下,微向外张（约 20°）,手腕不得弯曲,右大臂略平,与两肩略成一线,同时注视受礼者。听到"礼毕"的口令后,将手取捷径放下,成立正姿势。

图 2-8　敬礼

2. 注目礼

(1) 口令。敬礼、礼毕。

(2) 动作要领。听到"敬礼"的口令后，面向受礼者成立正姿势，注视受礼者，并目迎目送（左、右转头角度不超过45°）。听到"礼毕"的口令后，将头转正，恢复立正姿势。

> **小提示**
>
> 1. 单个队员的敬礼，应在距受礼者5~7步处行举手礼或者注目礼。
> 2. 敬礼时要保持良好的姿态，要注视受礼者。
> 3. 敬礼的动作要领可归纳为：取捷径，抬手快，手心向下微向外张，中指定位，腕挺直，大臂与肩略成直线。

3. 易犯错误及纠正方法（见表2-13）

表2-13　　　　敬礼、礼毕易犯错误及纠正方法

易犯错误	纠正方法
运臂路线不正确	强调举手、放手贴着身体，取捷径运臂
手腕弯曲，中指不定位，手心外张角度过大或过小	手腕略用力挺直；中指要贴到帽檐右角前2厘米处；手心向下稍向外20°，角度不得过大
歪头或低头，肘部内合	肩关节放松，由慢到快练习。抬手时，肘部首先上抬，同时大臂后张略与肩成一条直线
两眼看其他地方	强调敬礼时，两眼要注视受礼者

模块 2　队形训练

一、班、排队形

班的基本队形分为横队与纵队，需要时也可成二列横队（见图 2-9）或二路纵队（见图 2-10）。队列左右人员之间的距离（两肘之间）约为 10 厘米，前后人员之间的距离（前一名脚跟至后一名脚尖）约为 75 厘米。

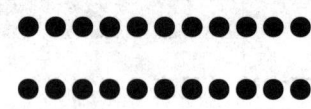

图 2-9　二列横队

图 2-10　二路纵队

排的基本队形与班的基本队形一样，也分为横队和纵队。排横队由班横队依一、二、三班次序向后排列组成；排纵队由班纵队依一、二、三班次序向右排列组成。排横队时，排长站在一班长右侧；排纵队时，排长站在队列中央前方。

二、集合、离散

1. 集合

集合是指队员、分队按规范队形聚集起来。

集合时，指挥员应先发出预告，如"全排（或×排）注意"，然后站在预定队形位置的中央前方，面向预定队形，成立正姿势，所属人员听到预告时，应原地面向指挥员成立正姿势，听候指挥员下达集合口令。

（1）班横队

1）口令。成班横队——集合。

2）动作要领。基准队员迅速跑到班长左前方适当位置，成立正姿势；其他队员以基准队员为准，依次向左排列并自行看齐。成班二列横队时，单数队员在前，双数队员在后。

（2）班纵队

1）口令。成班纵队——集合。

2）动作要领。基准队员迅速跑到班长前方适当位置，成立正姿势；其他队员以基准队员为准，依次向后排列并自行对正。成班二路纵队时，单数队员在左，双数队员在右。

（3）排横队

1）口令。成排横队——集合。

2）动作要领。基准班（通常为一班）由班长带领迅速在排长前方适当位置成班横队站好；其他班以基准班为准，成班横队，依次向后排列并自行对正、看齐。

（4）排纵队

1）口令。成排纵队——集合。

2）动作要领。基准班（通常为一班）由班长带领迅速在排长右前方适当位置成班纵队站好；其他班以基准班为准，成班纵队，依次向右排列并自行对正、看齐。

2. 离散

离散是指列队的单个队员、分队各自离开原队列位置，通常包括离开和解散两个动作。

（1）离开

1）口令。各班带开（带回）。

2）动作要领。列队中的各班长听到口令后，迅速将本班带离原列队位置，或带回营房。

（2）解散

1）口令。解散。

2）动作要领。列队人员迅速离开原列队位置，与"离开"相比，没有整齐划一的效果，很分散。

三、整齐、报数

1. 整齐

整齐是使列队人员按规定的间隔、距离，保持行、列齐整的一种队列动作。整齐分为向右（左）看齐和向中看齐。

（1）向右（左）看齐

1）口令。向右（左）看——齐。

2）动作要领。基准队员不动，其他队员向右（左）转头，眼睛看右（左）邻队员的腮部，前四名能通视到基准队员，自第五名起，以能通视到本人以右（左）第三人为度。后列人员，先向前对正，再向右（左）看齐。

（2）向中看齐

1）口令。以×××为准，向中看——齐。

2）动作要领。当班长或排长指定"以×××为准（或以第×名为准）"时，被指定为基准队员的队员应答"到"，同时左手握拳举起，大臂前伸与肩略平，小臂垂直上举，拳心向右。当听到"向中看——齐"的口令后，基准队员迅速将手放下，其他队员按照向右、向左看齐的要领分别向右、向左看齐。上述动作完成后，班长或排长便可下达"向前——看"的口令。列队人员听到口令后，迅速将头转正，成立正姿势。

2. 报数

报数是对列队人员进行清点的一种队列动作。

（1）口令。报数。

（2）动作要领。听到报数口令后，横队从右向左（纵队从前向后）依次以短促洪亮的声音报出自己在队列中的序号，报数的同时转头（纵队报数，头向左转），但队列中的最后一名只报数不转头。如为数列横队，最后一列的最后一名应按实际情况报"满伍"或"缺×名"。

四、出列与入列

单个队员和班出、入列一般用跑步的方式。因故需要出、入列时要报告，经允许方能出、入队列。

1. 单个队员的出列

（1）口令。×××同志（或第×名），出列。

（2）动作要领。队员听到呼点自己姓名或序号以及"出列"的口令后，应答"是"，然后到指挥员右侧前适当位置或指挥员指定的位置，面向指挥员成立正姿势。位于中列（路）的队员出列时向后（左）转，待后列（左路）同序号的队员向右后方跨一步（向左后方退一步）让出缺口后，再按上述动作实施。位于"缺口"位置的队员，待出列队员出列后，即恢复原位。位于最后一列的队员出列时，应先退一步，然后按上述动作实施出列。

2. 单个队员的入列

（1）口令。入列。

（2）动作要领。已出列人员听到"入列"口令后，应答"是"，然后按出列的相反程序入列。

3. 班的出、入列

（1）口令。××班，出列（入列）。

（2）动作要领。听到口令后，被指定出（入）列班的班长答"是"，并用口令指挥本班以纵队形式出（入）列。

五、行进与停止

横队行进以右翼为基准，纵队行进以左翼为基准（一路纵队行进以先头为基准）。

指挥员下达"齐（正、跑）步——走"的口令后，基准队员向正前方行进，其他队员与基准翼对齐，保持规定的间隔、距离行进。行进中，可喊"一二一"或"一二三四"的口号，以保持步伐的整齐。

指挥员下达"立定"的口令后，应按有关立定的要领实施。停止后，听到"稍息"的口令时，应先自行对正、看齐，然后再稍息。

模块3　擒拿格斗技巧和克敌制胜战术

保安员在日常工作中，有时会面对不法分子，因此保安员应掌握基本的擒拿格斗技巧和克敌制胜战术。

一、擒拿格斗技巧

1. 正面搏击

遇到对方从正面的不同角度进行攻击时,保安员要采取不同的方法进行还击。正面搏击技巧见表2-14。

表2-14　　　　　　　　正面搏击技巧

序号	事项	技巧要点
1	对方正面进攻	(1) 用手指暴发用劲,插击对方两眼 (2) 如果对方缩身,要抓住时机,两手迅速抓住对方脖颈向下拉,同时一腿屈膝并向上猛提,顶击其面部,手外拨对方右手臂,将其右手从内向上绕向外,再突然向内扳其肘部关节 (3) 身体猛向右转,左手握拳向对方面部冲击
2	对方在正面用左手抓住你的右手腕	(1) 应右小臂外旋,并屈小臂向后上方举起 (2) 趁对方手腕反拗并欲脱手之际,立即出左拳击其面部,并迅速用右手(握拳)冲击对方心窝
3	对方左手虎口朝上抓住你的右手腕	(1) 应马上右转身体,右臂由上向右下方甩下 (2) 左手张开猛向对方喉部推掐,然后猛屈左膝并抬起,顶击对方裆部
4	对方在正面用右手抓住你的右手腕	(1) 立即用左手迅速扣抓对方手背,并使两臂靠近自己的身体重心,尽力拉直对方臂肘 (2) 右转身体,左肘紧贴对方肘部,以右手小指外侧掌缘,顺着对方手腕,向上向外缠绕并下切
5	对方在正面两手抓住你的手腕	(1) 左手抓住对方右手腕并向上猛拉,同时右脚左前上步并使上身重心前倾,右臂向前下方直冲,将对方左手拉脱 (2) 身体向左后转,左手抓对方手腕上翻,使其手心向上,右肩上扛,右手下拉其肘部
6	对方在正面用右手抓住你的右边衣领	应立即用手抓住对方手掌,右脚向后并稍向左撤步,同时身体猛向右转,以左肩抵撞对方右肘后部

续表

序号	事项	技巧要点
7	对方在正面用左手搂住你的颈,右手拿化学药品(剂)捂住你的口鼻	(1)应左手向上推其右臂,马上低头,同时屈膝、弓腰下降重心 (2)左脚向前成弓步至对方两腿间,两手迅速搂抱对方两小腿后下方,猛力回拉,同时头顶向前用力顶击 (3)对方倒地后,随即左膝向前下跪,压其裆部

2. 身后搏击

遇到对方从身后的不同部位进行攻击时,保安员要采取不同的方法进行还击。身后搏击技巧见表2-15。

表2-15　　　　　　　身后搏击技巧

序号	事项	技巧要点
1	对方从身后进攻	(1)应沉着冷静,左脚向前迈一步,借对方用力回拉之势,猛往后仰头,用后脑勺去打对方鼻梁 (2)随即身体向后猛转,右臂屈肘平举,以右肘后部击打对方右脸
2	对方从身后两手提抓你的双肩	(1)两腿弯曲,两手臂上抬,以松懈对方抓肩的力量 (2)身体略右转,右肘弯曲向后上方,趁对方向前俯跃之势,抓住其右手腕往外翻,使其手心向上,并用力下扳,自己的上身向前、向下俯,使对方从自己的背上向前滚跌,伤其肘关节并将其摔倒在地
3	对方从身后两手抓住你的腰	(1)迅速用右小腿向上方撞对方裆部。如撞不着时,右肘弯曲平举,在身体右后转的同时,以肘关节后部猛击对方头部 (2)身体迅速从左向后转,左臂弯曲从上向下夹对方颈部。然后,两脚向前迈出一大步,臀部直向下坐地,右手变拳猛击对方裆部
4	对方从背部抓你的后衣领	(1)立即向左前方跨步,同时转向右后侧,用右掌猛击对方颈部 (2)迅速抬起左脚,用左膝撞击对方裆部

3. 侧面攻击

遇到对方从侧面的不同部位进行攻击时，保安员要采取不同的方法进行还击。

（1）对方从左侧攻击时，要迅速提起左肘，猛击其右肋或心窝。趁对方疼痛之际，左手立即从对方右臂后向上再向前下绕锁其右肩臂。随即右脚向后撤一步，提起右掌，以小指外侧掌缘，猛砍对方后颈，可将其砍翻在地。在应对侧面攻击时，上拉与下冲、上扛与下拉要同时交错用力。

（2）对方右手持刀挥臂砍左颈时，应迅速蹲身屈膝向下闪开。对方如回手从侧面反手砍时，应推其肘关节后部，右手伸指捅其眼睛，随后右手抓对方持刀手腕，拉向自己右腹外侧，左手向右下方压对方肩部，同时右脚向自己右后方撤步，将对方摔倒，夺下刀将其制伏。

4. 楼层攻击

如果在楼层内遇到不法分子的攻击，保安员要视情况进行还击。

（1）对方在楼梯上方用力推自己时，应突然抓住对方手腕下拉，同时身体左转，屈膝，上身前倾，手撑地，伏身将对方从后背上摔下去。这时可迅速追下去，抬脚朝对方头部踢击使其昏迷。

（2）当对方在楼梯上方抓住你的手腕向上拉时，要迅速用另一只手抓住对方的支撑腿向下拉，将其摔倒。接着，双手顺势抓其双腿，从上向下拉，当拉到平地时，右脚猛蹬其裆部。

二、克敌制胜战术

1. 对偷袭之敌的打法

偷袭之敌的主要特点是：进攻突然、发招阴狠、隐蔽性强等。这类情况多发生在与犯罪分子格斗或夜间值勤中。

采用的战术是：注意观察、头脑冷静、灵活狠击。

在值勤或格斗中,应眼观六路、耳听八方、胆大心细,注意各种隐蔽物,仔细听是否有异常声响,一旦发现有异样,立即做出反应。

(1)听到脑后风响。听到脑后风响,应迅速蹲身(以防敌双峰贯耳),并迅速向右后方转体,成右弓步,右臂反手抢击,以右拳击打敌肋部,也可以右腿绊敌腿,右臂向后反拦,迫使敌失去平衡。

(2)听到后面脚下声响。听到后面脚下声响,应迅速沉身,以防敌由后抱腿摔或后锁喉。敌由后抱腿摔,保安员在倒地时,右脚应向后上方踢出攻击敌裆部,向前骑压并向后缩身,翘臀将敌由背后向前摔出。

(3)敌后锁喉。敌后锁喉时,应以右肘猛击敌肋部。同时,双手反抓敌左手腕或右手抓敌裆部以解脱。

2. 以少胜多的战术打法

在值勤中常常会遇到犯罪分子的力量数倍于保安员的情况。

(1)稳步后撤。不使敌方对我方形成合围之势,随时观察敌我势态和左右地形,抢占有利地形(如背靠墙)。

(2)先打头敌。发现犯罪分子当中有持凶器者,应先把持有凶器者作为头敌;发现众敌持多种凶器时,应把持有对自己威胁最大的那类凶器者作为头敌,还应注意犯罪团伙中的为首者。寻找时机,巧妙且尽快地将头敌引到自己跟前,突然、猛烈地攻打敌要害处,迅速使其失去抵抗能力,以削弱敌方力量。打倒头敌后,迅速后撤,以免陷入重围。

(3)虚张声势。喊人并指挥其他人从后面反包围,以削弱敌方士气,同时动员附近群众协助或通知公安机关。

(4)动中击敌。在敌众我寡的情况下,力求避免与对方缠抱在一起。一旦发生缠抱现象,要用快打、快摔的办法迅速将自己解脱出来。在宽阔地带,可边打边跑,搅乱敌方阵容。在被敌方追赶的途中，击中一人后，应继续向左右跑动，并抢占制高点，同时虚张声势，直至脱离危险。

（5）保持冷静。格斗中必须保持头脑冷静，记住主犯特殊之处，以便日后寻找。

（6）灵活对敌。在与犯罪团伙的格斗过程中，应积极移动，寻找战机，创造条件，灵活对敌。在形势所迫，又不会导致国家、企业利益和人民生命财产受到损失的情况下，允许跑掉以寻机报警。

模块4　警用器械的使用和管理

保安员常配备的警用器械包括警棍、警绳、对讲机、探照灯、电筒等。警棍、警绳通常在以下情况发生时使用：在协助警察抓获现行违法犯罪嫌疑人遭到抗拒时；在协助警察处理打、砸、抢、聚众骚乱或结伙斗殴事件时；国家、集体和人民群众生命财产遇到正在进行的不法侵害，情况紧急时；遇到违法犯罪嫌疑人袭击，需保护自身安全时。

一、警棍

1. 警棍（见图2-11）的使用方法

（1）使用前要先装好电池并进行充电，充满电后，在金属物体上试击，如果有火花，则说明该警棍可以正常使用。

（2）使用时，抓握部位要适当，以方便、安全为宜。

（3）使用后，要注意放电，长期不用时要取出电池，放在阴凉干燥处。

（4）尽量不要在坚硬物体上敲击，以防损坏，要经常用酒精擦洗，以保持清洁与良好的绝缘性能。

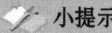小提示

切勿在电源接通时连续放电，以防损坏电路；防水开关外套不要随便移动，以免开关失灵。

图 2-11 警棍

2. 警棍的佩带方法

将警棍的卡钩挂在腰带上，置于身体的左侧，棍身下垂贴于裤缝，如图 2-12 所示。若使用的是小型警棍，则将警棍装入棍套内，挂在腰带上，置于左腹前。

图 2-12 警棍的佩带

 **小知识**

警棍佩带使用规定

以下是某社区为严格规范警棍使用所做出的规定,作为保安员必须严格遵守。

1. 警棍是保安员执行公务时佩带的自卫防暴器械,保安员应严格保管和使用,不得将警棍转借他人。
2. 当值保安员应将警棍挂在腰带上。
3. 不得在岗位上随便玩耍或挥舞警棍。
4. 处理一般问题时,不得手持警棍或用警棍指着他人讲话。
5. 非紧急情况下或人身安全未受威胁的情况下,保安员不得以任何借口或理由使用警棍攻击他人。
6. 当值保安员要妥善保管所佩带的警棍,如有遗失或损坏,要照价赔偿。
7. 交接班时要检查清楚后再交接,接收人发现警棍被损坏而不报告,应负责赔偿。

3. 警棍打击基本动作

警棍打击基本动作有挂击、劈击、刺击、砍击等,每种基本动作均由格斗式开始。

(1) 挂击。如图2-13所示,身体重心前移成左弓步,右手持棍上挡外拨,棍顶与头同高,左拳收于腰际。挂击要猛,着力点在棍身,挂击对方凶器、手腕等。

图2-13 挂击

(2)劈击。如图2-14所示,右脚上前一步成弓步,同时右手握棍,由腹前方上提至头顶,并迅速劈击,左拳变掌,自然向后上伸出,目视前方,攻击对方头、颈、肩、臂等部位。

图2-14 劈击

(3)刺击

1)单手刺击。如图2-15a所示,左脚上步或垫步,身体左转,右手持棍单手直线向前捅击,手心向左,虎口压住棍柄,以棍端捅击,同时右手拇指按下电流开关,配合电击,目视前方,向前直线攻击歹徒头、喉、胸、腹、背等部位。

2)双手刺击。如图2-15b所示,左脚向前滑步,右手持棍,右手拇指按下电流开关,左手内旋,虎口向下,手心向前抵于棍根,双臂由屈到伸,向前直线刺击歹徒胸、腹等部位。滑步、伸臂、前捅,整套动作要协调一致,短促有力。

(4)砍击。如图2-16所示,左脚向前跨步,右膝变曲,上身微向前倾,同时右手持棍,由右上方向左下方砍击,虎口压棍柄,以棍身砍击,上步快,砍击有力,用于攻击对方颈、腿等部位。

图 2-15 刺击
a）单手刺击　b）双手刺击

图 2-16 砍击

4. 防止歹徒抢警棍的动作

（1）当歹徒单手抓棍时，可采用下列方法（见图 2-17）。

（2）当歹徒双手抓棍时，可采用下列方法（见图 2-18）。

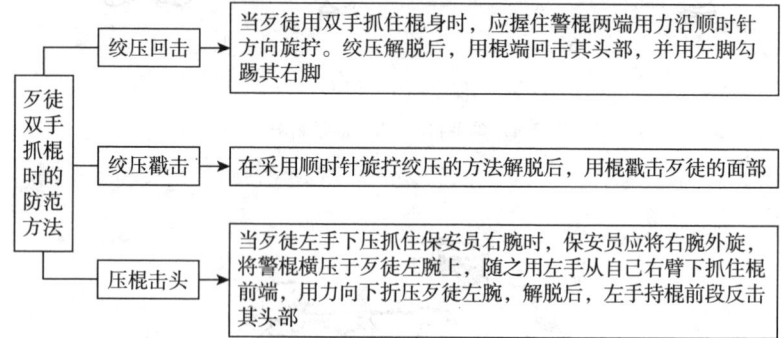

图 2-17 歹徒单手抓棍时的防范方法

压肘	别臂
当歹徒用左手下压握抓警棍前端时,应左手扣抓其左手小指和无名指,然后右手持棍向前压其肘关节,直至解脱或将其反拿住为止	当歹徒用右手抓棍时,应用左手托抓其右手拇指和食指,同时右手持棍,左手沿顺时针方向旋拧警棍和右腕,用右臂击对方肘窝,并别住其右臂

歹徒双手抓棍时的防范方法:
- **绞压回击**：当歹徒用双手抓住棍身时,应握住警棍两端用力沿顺时针方向旋拧。绞压解脱后,用棍端回击其头部,并用左脚勾踢其右脚
- **绞压戳击**：在采用顺时针旋拧绞压的方法解脱后,用棍戳击歹徒的面部
- **压棍击头**：当歹徒左手下压抓住保安员右腕时,保安员应将右腕外旋,将警棍横压于歹徒左腕上,随之用左手从自己右臂下抓住棍前端,用力向下折压歹徒左腕,解脱后,左手持棍前段反击其头部

图 2-18 歹徒双手抓棍时的防范方法

二、警绳

警绳（见图 2-19）属于约束性警械,可使用警绳对歹徒进行捆绑。除了使用警绳,还可以利用鞋带、皮带、绷带、胶带、电线等对歹徒进行应急性捆绑。

图 2-19 警绳

1. 警绳术语

蛇口：警绳一端固定的小圈，如图 2-20a 所示。

半轮：将绳折半形成的轮，如图 2-20b 所示。

单结：只系一个扣的结，如图 2-20c 所示。

铺轮：穿入蛇口形成的轮，如图 2-20d 所示。

引轮：即活扣，如图 2-20e 所示。

活轮：即活套，如图 2-20f 所示。

难结：固定性较强的结，如图 2-20g、图 2-20h 所示。

死结：系两个扣的结，如图 2-20i 所示。

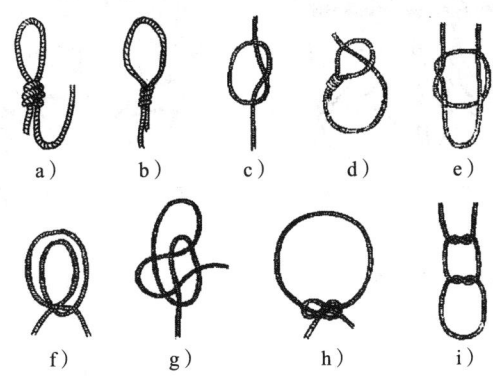

图 2-20 警绳术语

a）蛇口 b）半轮 c）单结 d）铺轮 e）引轮
f）活轮 g）难结① h）难结② i）死结

2. 基本捆绑方法

（1）大臂捆绑法（见图 2-21）。将歹徒摔倒压服，或迫使歹徒分腿跪下，并将其双臂拉至背后，用警绳在其两大臂缠绕，拉紧后打死结即可。

（2）十字捆绑法。将歹徒摔倒压服或迫使歹徒分腿跪下，将歹徒双臂拉至背后，两肘内夹，两小臂尽量相叠靠近，用警绳在其小臂处缠绕数圈后再从其两小臂之间穿过横勒一道,成十字交叉,然后打成死结即可。

(3) 手腕捆绑法

方法一:如图2-22所示,制伏歹徒后,令歹徒俯卧或迫使其分腿跪下,将歹徒双手反拧至背后,双手取警绳的中间部位,将警绳折成两个半轮,再将两个半轮系成一个单结,拉出后形成两个活轮。

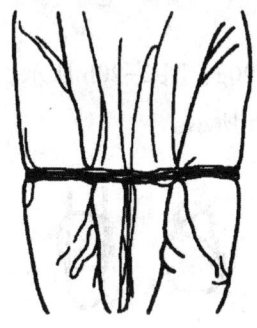 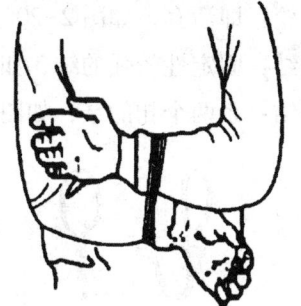

图2-21 大臂捆绑法　　图2-22 手腕捆绑法

方法二:将两个活轮分别套在歹徒两腕关节处拉紧系成死结即可。

方法三:将两个活轮分别套在歹徒双腕关节处,拉紧再由其两手背之间穿过,竖勒一道,形成十字交叉然后打成死结即可。

3. 简便器材的使用方法

简便器材是指保安员随身携带的皮带、鞋带、领带等东西,它们可在方便时成为捆绑歹徒的简便器材。简便器材捆绑是在没有制式(规定式样)器材或制式器材不足的情况下进行的捆绑,虽简单易行,但不够牢固,应注意监视歹徒,以防其脱逃。

(1) 用皮带捆绑。如图2-23所示,将歹徒双臂拧到背后用皮带在其两臂上缠成"8"字形,拉紧扣牢即可。

(2) 用鞋带捆绑。如图2-24所示,将歹徒双臂、两拇指顺着并一起，用鞋带在拇指上缠绕数圈打一死结即可。

（3）手帕捆绑。如图2-25所示。将歹徒双手拧到背后交叠，用手帕在其腕关节处缠绕一圈打成死结即可。

（4）用领带捆绑。将歹徒双臂于背后交叉，将其两手腕重叠，用领带在其腕关节处缠绕一圈，打一死结即可。

图2-23　皮带捆绑　　　图2-24　鞋带捆绑　　　图2-25　手帕捆绑

> **小提示**
>
> 下列情况下保安员应停止使用警棍和警绳。
> 1. 不法侵害行为已经结束。
> 2. 犯罪分子已被制伏，或已经丧失侵害能力。

三、对讲机

对讲机（见图2-26）是保安员工作必备的重要通信工具，全体保安员必须执行对讲机使用规定，熟悉对讲机的性能，爱护并熟练地使用对讲机。

1. 对讲机使用规定

（1）持机人负责保管和使用对讲机，禁止转借他人或将天线拆下来使用。

图 2-26　对讲机

（2）发现对讲机有损坏或通信失灵，持机人应立即向直属上司报告，由部门主管检查后交维修部维修，严禁自行拆修。

（3）严格按规定频率使用，严禁乱按或乱调其他频率。

（4）严格按对讲机充电程序充电，以保障电池的性能、寿命和使用效果。

（5）交接班时，交机人要讲明对讲机当班使用状况；接机者应当场查验，发现损坏或通信失灵，应立即报告当值主管或班长。

2. 对讲机对话要求

（1）呼叫对方时，先报自己的岗位，再呼叫对方，并在最后讲"收到请回话"。

（2）收接方回话后，呼方要简明扼要地将情况讲清楚，收接方收到情况或信号后，应回答"清楚"或"明白"。

（3）用对讲机讲话时应使用规范礼貌用语，严禁用对讲机讲粗言秽语、开玩笑或谈与工作无关的事情。

3. 对讲机电池的使用与保管

（1）对讲机电池的正确使用方法

1）新电池在初次充电时，需要先将电池中的存量用尽，然后彻底充电，充电时间为 16 个小时，如此经过 3~5 次的充放电循环，电池才能达到额定容量。

2）正常情况下，电池的寿命是以充放电次数为标准的，一般的镍镉电池充放电次数为 300~350 次，镍氢电池为 350~400 次。每个充放电循环的时间越长，电池使用寿命也越长。

3）在待机充电过程中严禁开机使用。在待机充电过程中进行开机操作，可能会造成对讲机充电器工作失常，并对电池造成伤害。

4）近距离使用时可切换至低功率状态。有的对讲机（如 GP88S）有高、低功率切换功能，近距离使用时切换至低功率，能够延长电池使用寿命。

（2）对讲机电池的保管

1）买来对讲机电池后，要贴上标签，填写购买日期，编写号码，并做好记录，以便检索、保管。

2）电池充电应统一指定专人操作，并建立充电登记本，认真记录每块电池充电的具体起始时间，尽可能地延长电池使用寿命。

3）长时间不使用对讲机时，须将电池卸下存放。

4）报废电池必须实行集中管理，既要考虑废旧利用，又要按照环保要求处置。

四、探照灯、电筒的使用

（1）保安员应正确使用探照灯（见图 2-27）、电筒（见图 2-28）。在雨天使用时，应注意避免雨水渗入而造成探照灯或电筒的损坏。

（2）探照灯的充电应严格按充电操作说明的程序进行。第一次充电，时间要长一些，应充电 8~10 小时，一般情况下应充电 5~8 小时。

（3）如需强光照射，应先开弱光再开强光，以免灯泡因瞬间增温而损坏。

图 2-27 探照灯　　　　图 2-28 电筒

第3单元 守护

模块 1　出入口守护

出入口即大门，出入口守护是指保安员依据法律法规和单位内部规章制度，按照服务单位的要求，在服务单位出入口值守，对出入的人员、车辆、物品进行查验、登记、疏导等，所以说出入口守护是维护秩序的一种保安员服务活动。

一、出入口守护的任务

出入口守护的目的在于维护服务单位正常的工作秩序，确保服务单位人身及财产安全。负责出入口守护的保安员的主要任务如下。

（1）查验出入人员、车辆的证件，禁止无关人员、车辆进入。

（2）登记出入人员及其携带的物品、出入车辆及其运输的物品，防止危险品、违禁品入内或者服务区域内物品被盗。

（3）疏导出入车辆，维护出入口的正常秩序。

（4）及时发现不法行为人，截获赃物，做好安全防范工作。

（5）协助服务单位做好来访人员接待工作。

（6）完成与服务单位约定的其他任务。

二、出入口守护的特点

出入口守护是在固定岗位进行检查、警戒的活动，是保障服务区域安全的第一道防线,其特点见表3-1。

表3-1　　　　　　　　出入口守护的特点

序号	特点	说明
1	位置独立	出入口是所有人员、车辆、物品出入的通道,位置相对独立
2	岗位固定	出入口位置固定,出入口守护的岗位也是固定的
3	工作连续	出入口需要保障随时可安全通行,因此出入口守护工作不能断档,需要连续不断地工作。每班次上岗的保安员在出入口岗位值勤时,都是在延续上一班的工作
4	人员较少	出入口守护岗位固定,职责任务简单、明确,所以出入口守护勤务人员相对较少,多数情况下由保安员独自履行岗位职责
5	对象复杂	出入口人员、车辆来往较多,保安员服务对象较复杂,所以出入手续应严格办理,一旦处置不当,容易产生各种矛盾纠纷

三、出入口守护的程序与要求

1. 熟悉出入口守护方案

保安员上岗前要熟悉出入口守护方案。出入口守护方案是出入口守护的依据和勤务指南。出入口守护方案的主要内容包括:出入口守护的职责和方法、上岗保安员人数、具体岗位和要求、交接班时间、所需保安装备、应急措施等。

2. 熟记服务单位情况

保安员应熟记服务单位内部规章制度,领导及相关人员的情况,使用的各种出入证件,内部车辆的颜色、车型和牌号等情况。

3. 做好上岗前准备

保安员上岗前要按规定着装,佩戴保安员标志,携带必要的通信、照明、自卫等装备以及守护勤务登记簿等用品。

4. 实施出入口守护

保安员上岗时,要按照出入口守护方案规定,在规定的时间到达指定的出入口执行守护任务。要严格遵守出入口守护相关制度，按规定做好相关工作。守护期间要语言文明、手势规范、站姿端正、精神饱满。

四、出入口守护的主要方法

出入口守护主要通过查验证件、观察、检查、登记、疏导等方法来实施。

1. 查验证件

查验证件是出入口守护的重要工作方法，指的就是检查验看出入人员、车辆及物品的证件。

（1）常见证件的类型。常见证件主要有工作证、单位出入证、货物出入单等，见表3-2。

表3-2　　　　　　　　常见证件的类型

序号	证件类型	证件说明
1	工作证	工作证是一些单位自制的，用以证明单位员工身份的证件。没有统一的样式，由服务单位根据需要自行设计。工作证一般记载着持证人的姓名、性别、出生年月、工作单位与职位等信息并贴有照片
2	单位出入证	单位出入证是由服务单位制作并发放供使用的允许持证人或车辆出入特定区域的证件。该种证件没有固定的样式，材质也具有多样性（纸质的、木质的、塑料的），有的会做成电子感应卡片
3	货物出入单	货物出入单一般是由服务单位根据工作需要自行设计制作的货物出入凭据，其内容主要有货物名称、型号、数量、出入时间、运货人、批准人等

（2）查验证件的方法。查验证件一般分为逐个查验、重点查验、免检放行三种方法，见表3-3。

表 3-3　　　　　　　　查验证件的方法

方法	定义	操作要点
逐个查验	逐个查验是保安员逐个检查验看从出入口通行的所有人员、车辆及其所携带或载有物品的证件的行为	（1）当来访人距保安员 1~2 米时，保安员应请其止步并出示证件，接过证件后应先看证件的封面，再翻看内页的姓名、单位等 （2）要着重查验证件照片与来访人面貌是否相符，钢印的单位与签发证件单位是否相符，并留意是否已过有效期 （3）要注意来访人的神态、举止等。夜间查验时，应拉大与对方的距离，并留有撤步的空间 （4）经查验未发现问题的，应归还证件并礼貌地示意放行。对拒绝查验证件的人员，要拒绝其入内。发生纠纷时，应及时向服务单位报告，并请有关人员前来处理
重点查验	重点查验是在人员、车辆出入比较集中时，保安员站在出入口一侧，密切观察出入情况，仅仔细查验可疑人员、车辆的方法	（1）对熟悉而出示证件的人员、车辆，目示放行 （2）对陌生人员且未出示证件者，交领班员查验，或请其先站在一边，待高峰期过后再行查验
免检放行	免检放行指的是对服务单位事先通知、具有特殊标志或固定车号的人员及车辆直接放行的方法	对守护单位的主要负责人和上级事先通知的免检对象，根据其面貌、车号和特殊的免检标志，免检放行

2. 观察

在查验证件的过程中，要从出入人员的身份、陈述、行为、表情、携物、痕迹等方面进行观察。

3. 检查

对携物进入的人员，重点检查是否带有违禁品。对进入车辆要检查是否装有易燃易爆等危险品、是否载有无关人员，对无关人员应劝其下车在外等候。对携物外出人员和车辆，仔细检查携物证件或出库单据，重点检查物品的名称、规格、数量与证件是否相符。检查时要让被检查人动手打开车门、后备箱和包装物，视情况逐件清点或重点抽查。

发现携带可疑物品的人员，应先礼貌地请其说出物品的名称、数量、来源及用途，请其自行拿出物品按单据检查核对，并出示有关证件，对无携物证件或出库单据、拒绝检查的应移交服务单位有关部门或公安机关处理。注意：保安员不能对可疑人员进行搜身。

4. 登记

登记是按照服务单位的要求对出入的人员、车辆及携带或载有物品在指定的记录簿或登记表上书面予以记载的行为。

（1）对人员的登记。对人员的登记，要与查验证件一并进行，有的服务单位并不要求对人员进行登记，则可于查验证件后根据情况予以放行。

登记的内容主要有：来访人姓名、性别、工作单位、证件名称及号码、出入时间、人数、接待单位或人员、是否预约、登记人签名等。

> **小提示**
>
> 一般由来访人自己登记，保安员对照来访人证件审查核对登记的内容。不过，也有单位会规定由保安员查验来访人证件并进行登记。

（2）对车辆的登记。登记车辆时，保安员要先请驾驶员在出入口固定位置停车；驾驶员和随车人员下车后，要出示工作证或身份证等有效证件，保安员查验后准予通行的，要认真登记；如需驾驶员和随车人员填写，在其填写后，保安员要查验其证件并认真核对登记信息。

对于出入的车辆，主要登记驾驶员和随车人员的姓名、所在单位、证件名称及号码、车牌号、车型、车颜色，以及被访部门与人员等内容。

(3) 对物品的登记。登记物品时，要认真核对填写的内容确保与实物相符。

1) 对来访人携带物品的登记。如发现携带物品易燃易爆或为具有放射性的危险品，要立即报告服务单位有关部门，并按要求进行处置。如遇携带物品外出的，要根据服务单位的规定，请其出示货物出入单，并认真核对出入单内容与所携带物品是否相符。

登记内容主要包括：携带物品人员的姓名、工作单位、证件名称及号码，物品的名称、数量、类别，物品出入单、出入时间，接待单位或人员等。

2) 对车辆载有物品的登记。对载有物品出入的车辆，要请驾驶员或随车人员自行打开车辆后备箱，然后由保安员清点携带物品并予以登记。登记内容包括车辆及车内人员的情况、载有物品的情况及物品证明、货物出入单（或货物运输单）等。登记的重点是检查所携带物品是否有货物出入单（或货物运输单）与之相符、是否为违禁品等。

> **小提示**
>
> 保安员在检查或登记时，要与来访人保持安全距离，注意自身安全，还要防止来访人突然弃物逃跑或持物行凶。如发现可疑人员或可疑物品，要及时向服务单位报告或移交公安机关处置。另外，保安员不能自行搜身、搜车及处理可疑人员和可疑物品，应避免越权操作和违法侵权。

5. 疏导

疏导是保安员对在出入口停留的人员或车辆予以劝止、请其离开的行为,以及在出入口出现交通拥堵时予以疏散的行为。

保安员在出入口守护中,发现出入的人员与车辆较多时,要按照先出后进、靠右通行、分流的原则进行疏导,以确保有序出入。如遇不法分子有意冲闯出入口或聚集围堵时,应将大门关闭,立即通知服务单位,同时报上级领导,组织人员赶到出入口,协助维持秩序,疏散无关人员。

为了保证保安员有效地履行职责并创造良好的值勤环境,对在保安员值勤场所聚集聊天、下棋娱乐的内部职工,要说服、动员他们离开保安员值勤场所,回到自己的生产或工作岗位;对于外来办事人员,在问明来意、查验证件并登记后,要迅速与生产、业务或党政部门联系,或告知有关人员前来接待;对临近大门的摊位摊主或临时聚集于出入口的人群,要及时说服、动员他们离开大门附近,以保证保安员可有效地履行职责,维护服务单位的正常工作秩序和生产秩序。

保安员在查验、观察、检查、登记、疏导过程中,发现可疑人员或可疑情况要及时向服务单位报告,必要时应立即报警。

五、出入口常见紧急情况的处置

1. 对无证件私闯人员的处置

无证件私闯人员是指没有身份证件或出入证件,未经准许擅自出入服务单位出入口的人员。

私闯的情形主要有趁保安员不注意溜进、溜出,假冒工作人员闯入、闯出,或混在其他有证件人员群体中跟进、跟出等几种情形。无证件私闯的情况很复杂,有的确属忘带证件(相关人员可能是工作人员),有的则是本身就没有证件(相关人员可能是正常往来的外来人员、非正常往来的外来人员以及违法犯罪嫌疑人员)。因此,对无证件私闯人员要及时识别,严格审查,防止其混入、混出,损害服务单位利益。

对无证件私闯人员的处置措施见表3-4。

表3-4　　　对无证件私闯人员的处置措施

序号	处置方法	操作要点
1	责令离开	保安员要随时注意出入口周围情况，发现有私闯迹象的人员，应做好拦阻准备，必要时可提前示意其出示证件或责令其离开。注意：对本单位职工、经常往来人员有不出示证件迹象的，也应提前示意其出示证件。对身份可疑、行为鬼祟，在大门内外侧活动，伺机闯入、闯出的人员，要责令其离开出入口值勤区域
2	果断拦阻私闯人员	对无证件私闯人员，保安员要果断拦阻，除用身体拦阻外，还可以放下栏杆或关闭出入口进行拦阻。上下班人流高峰时，或多人出示证件同时出入大门时，保安员发现人群中未出示证件者，要及时示意其出示证件，必要时应果断将其拦住，带出人群处理
3	分不同情况对待私闯人员	对内部职工忘带证件的，可通知其单位领导送出或领入；对外来人员确属正常往来的，可通知接洽单位或人员送出或领入；对非正常往来外来人员，特别是闲逛者、拾荒者等，要坚决阻止其进入，如果已经进入则要严格审查后才能允许其外出；对有违法犯罪嫌疑的人员，应通知保卫部门到现场处理或报警
4	注意方法，避免冲突	保安员对各类私闯人员，要坚持进行说服教育，做到文明值勤，尽量避免发生冲突。对本单位工作人员、正常往来的外来人员，要耐心解释出入口规章制度，主动为其联系本单位领导或有关部门进行接待处理。对非正常出入人员要坚决阻止，并严格审查，如发现有违法犯罪嫌疑，要及时报告保卫部门到现场处理或报警

2. 对拒不交验证件、办理登记手续人员的处置

拒不交验证件、办理登记手续是指出入服务单位大门的人员，虽然已经出示了证件，但未按规定将证件交保安员查验，或未按规

定履行登记手续。这类情况主要是一些内部职工或经常往来的人员怕麻烦所致,也有持假证件怕被查出而拒不交验的,甚至还有可能是违法犯罪嫌疑人员混出混入。因此,对这类人员,应及时拦阻,严格检查,认真登记。

对拒不交验证件、办理登记手续人员的处置措施见表3-5。

表3-5　对拒不交验证件、办理登记手续人员的处置措施

序号	处置方法	操作要点
1	及时拦阻出入人员	这类人员为逃避查验、登记,一般出入都很快,出示证件也很快,有的甚至只是做个动作。所以,保安员要及时发现,及时拦阻
2	耐心说服,讲明制度	对被拦阻人员,要耐心说服、劝导,讲明规章制度。要注意言辞恳切,态度和缓,不要简单粗暴,更不要训斥,以防激化矛盾,引发冲突
3	分类处置	(1)如属内部职工,可通知其单位领导或保卫部门到场处理 (2)如属外来人员出门,应及时报告保卫部门处理 (3)如属外来人员进门,可视情况拒绝进入或报告保卫部门处理

3. 对拒绝接受物品查验人员的处置

对拒绝接受物品查验的人员,保安员要讲清楚门卫规章制度以及不遵守门卫规章制度的危害,以请他人配合工作。必要时,可说明查验的内容和方法,劝导其配合查验。

对拒绝接受物品查验的人员,应一律拒绝其出入,并视情况分类做出处理。

(1)内部职工带着可疑物品外出。应通知保卫部门或其部门领

导参与处理。

（2）外来人员带着可疑物品外出。应通知保卫部门参与处理。

（3）出入人员身份证件合法有效，并办理了登记手续，可允许其将携带物品暂时放于门卫处，准其出入。应开具物品清单，登记姓名、单位、物品名称及数量等。

（4）外来人员所携带物品系赃物或危险品。应报告保卫部门或报警，对危险品应当即采用安全办法将其移至安全处保管。

4. 对强行冲闯人员的处置

必要时，可先关闭大门、放下栏杆，防止人员冲闯。如发生冲突，保安员应及时通知保卫部门派人到现场处理。如强行冲闯人员实施暴力，危害保安员和他人的人身安全，或严重危害了守护目标的安全，保安员可依法采取防卫措施。如违法犯罪嫌疑人强行冲闯，保安员应当场采取措施拦阻，或及时报告公安机关，要求派人到现场处理。

5. 对无通行标识私闯车辆的处置

无通行标识车辆是指没有服务单位规定的通行标识，或不是服务单位通知免检的车辆。这些车辆出入，保安员应及时阻止，要求其停车，对其登记，并对人员、车辆、载物进行检查。对无通行标识私闯车辆的处置措施见表3-6。

表3-6　　　　对无通行标识私闯车辆的处置措施

序号	处置方法	操作要点
1	示意其靠边停车	各种车辆，特别是机动车，速度较快，出入服务单位大门时，有一定的危险性。因此，对无通行标识的车辆，保安员要及时发现，在其进入保安员责任区之前，尽早示意其靠边停车，防止其突然停车造成事故。保安员不可在车辆临近时突然冲到车前拦截，以防刹车不及时造成伤亡

续表

序号	处置方法	操作要点
2	拦截检查	为有效地阻止车辆出入,可放下栏杆、关闭大门,或用其他物体拦住车辆通行的道路,以防车辆突然冲闯。车辆停稳后,应示意司机下车办理查验、登记手续。保安员此时不可走到车前,以防司机突然冲闯,发生意外。如查验、登记时间较长,为不影响其他车辆、人员出入,可示意车辆靠边停放或停放在其他安全、不影响交通处
3	通知报告	要记清强行冲闯车辆的车型、颜色、牌号和其他特征,并立即报告有关领导。若车辆强行闯入,则要通知要害地点守护人员进入戒备状态,以防发生意外。同时,应派人在单位内部查找闯入车辆,并关闭大门,放下栏杆,加强门卫检查,以防其闯出。若车辆强行闯出,应立即通知保卫部门,必要时可报告公安机关进行查缉。报警时,应讲清逃跑车辆的特征和逃跑方向

6. 对拒不接受查验车辆和不符合安全规定车辆的处置

对拒不接受查验的车辆,首先应向其说明门卫规章制度,说服司机配合查验,如司机仍不配合查验,可让其将车停在大门外侧或内侧不妨碍交通的地方(待进入车辆停在大门外侧,待出门车辆停在大门内侧),并要求司机熄火、下车等候处理。这时应通知保卫部门和有关部门领导到场处置。

> **小提示**
>
> 对于拒不接受查验的车辆,保安员不可强行查验,尤其不能扒车验货,避免发生人身伤亡事故。

发现车辆不符合安全规定,保安员要耐心向车内人员说明,要求其将车退出或移至适当位置整改,其间,注意采取安全措施。

对现场不能采取整改措施,无法自行消除安全隐患的,应允许有关人员将车辆移至安全地带后进入车内完成工作，或使用其他运输工具完成工作。

在存放危险品的仓库等危险性大的地方，如发现车辆本身有重大隐患，应立即要求司机熄火，或迅速将车辆移离危险区域。对于车辆本身装载危险品进入要害单位的，应要求其迅速离开。如果车辆发生故障，应立即使用拖、拉、推等安全办法将车辆移离要害单位或部门。

7. 发生火灾时的紧急处置

当服务单位发生火灾时，值勤保安员要迅速、果断地采取处置措施，见表3-7。

表3-7　　　　　　发生火灾时的紧急处置措施

序号	处置方法	操作要点
1	迅速报警	拨通"119"火警电话时，要冷静沉着，讲清着火地点和单位名称、着火部位、可燃物名称、火势大小、着火范围等，之后要注意对方的提问，并把自己的电话号码告诉对方，以便及时联系。报警后，要派人在交叉路口引导消防车辆进入现场，并简要介绍火场情况
2	迅速向单位领导报告	电话报警后，要立即把火灾情况向服务单位有关领导和保安服务公司领导报告
3	拉响警报	在报警的同时，要立即拉响火险警报，按动紧急电铃，有两个目的：一是通知人员撤离危险区域，二是发动职工群众共同救火
4	积极扑救	要迅速切断与灭火无关的电源，关掉煤气总开关，将易燃易爆物品撤离起火现场，并积极有效地运用灭火器和消防水带进行扑救，尽可能将火灾在初起时扑灭
5	严守大门	防止无关人员涌入单位，阻碍火场灭火；防止不法分子混入，趁火打劫，或利用灭火混乱之机，进行其他破坏；防止与起火有牵连的失火嫌疑人逃离现场

8. 遇有人当面或电话告知紧急情况时的处置

遇有人当面或电话告知紧急情况时的处置要点如下。

（1）问明情况。应详细问明紧急情况的内容，对方的姓名、住址、工作单位名称、手机号码等，并记清其相貌、衣着特征等情况，同时做好详细记录。

（2）判别真伪。对告知的情况要认真地进行分析，凡对服务单位有影响的要迅速向服务单位领导汇报。属群众求助救援的，在不影响保安员安全的情况下，应给予援助和支持，属重大案（事）件的要立即拨打"110"电话报警。

9. 遇服务单位刚发生案件时的紧急处置

（1）关闭大门。应立即关闭大门，防止犯罪嫌疑人利用交通工具快速闯出大门逃跑。

（2）实行门禁制度。应实行门禁制度，严格查验证件等，对身份不明的人员暂禁止出入。

（3）提高警惕，加强防范。严防犯罪嫌疑人狗急跳墙、持械行凶等。

模块2 目标守护

目标守护是指保安员依据法律法规和服务单位的规章制度，按照服务单位要求，采取各种有效措施对特定目标进行守护，以确保目标安全的一种保安员活动。守护目标可以是特定的人、物或区域等。

根据目标的特点和服务单位的安全需要，在目标守护中一般设置一个或多个守护岗位，将守护目标始终置于保安员的视线之内。

一、目标守护的任务

1. 守护服务单位安全

保安员通过对特定的目标进行守护,进而守护服务单位的安全,其守护的目标是根据服务单位的要求而确定的。

2. 维护守护区域的正常秩序

保安员根据服务单位的要求对目标区域提供守护服务,维护守护区域的工作秩序、生产秩序和营业秩序。保安员要注意保持守护区域内良好的治安秩序,及时制止各类案(事)件发生,若制止无效,应立即报告。

3. 做好防火、防盗、防抢等工作

保安员在守护工作中应采取各种有效措施确保服务单位确定的目标区域不发生火灾和盗抢案件。

二、目标守护的程序与要求

1. 阅读目标守护方案

保安员在接受目标守护任务后,首先要阅读目标守护方案,充分了解以下情况。

(1) 熟悉有关制度、规定及准许出入守护区域的手续和证件。有关制度、规定及准许出入守护区域的手续和证件是保安员开展守护工作的依据和处理问题的标准。

目标守护有关制度包括守护场所的安全管理制度、重要物品安全管理制度、消防安全管理制度、案(事)件发生的报告制度、危险品安全管理制度,以及治安防范工作检查、考核、奖惩制度等。

(2) 熟悉守护岗位周围环境。保安员应熟悉守护岗位周围的地形、建筑物、道路交通等情况。在了解守护岗位周围环境特点的基础上,保安员应结合守护目标的性质以及自身装备条件等情况,进

一步研究周围环境对守护行动的影响。

（3）熟悉应急设备的位置、性能及使用方法。保安员应当熟悉应急设备的位置、性能及使用方法，尤其是报警设施、消防水源的位置，以及消防器材的数量、型号、存放位置等。

（4）熟记有关部门的联系方式。为了在发生紧急情况时能及时与外界取得联系，执行守护任务的保安员应熟记附近公安机关的电话号码、服务单位保卫部门的电话号码以及值班室、友邻单位的电话号码等。

2. 做好上岗前准备

担任守护任务的保安员要按规定着装，携带公安机关批准使用的防护用具。根据需要携带对讲机，备好守护勤务登记簿。

3. 分岗守护实施

（1）固定岗位。严格检查出入守护区域的人员及车辆，维护秩序，保护目标安全。

（2）移动岗位。反复巡查，消除守护区域安全隐患，保护目标安全。

（3）瞭望岗位。观察守护区域及周围情况，发现可疑人员或可疑情况应立即向服务单位报告，并采取相应措施保护目标安全。

三、目标守护的主要方法

（1）对出入守护区域的人员、车辆及所携带或装运的物品进行查验、登记，严禁外部无关人员进入。保安员对来访者要礼貌接待，并及时与被访部门联系。遇有无关人员违反规定欲强行进入守护区域的，如系本单位人员应婉言劝阻，如系外来人员要坚决制止，对不听劝阻、制止强行闯入的，要迅速报告服务单位主管部门。

（2）指挥、疏导出入守护区域的车辆，清理无关人员，维护守护区域出入口的正常秩序。遇外来车辆、无证车辆强行进入守护区域的，保安员要及时示意其停车，对不听从指挥强行闯入的，应记下车型、牌号、颜色等特征，迅速报告服务单位主管部门，必要时还应跟踪其去向。

（3）按照指定的路线在守护区域巡回检查。发现正在实施违法犯罪的嫌疑人时，保安员应立即依法采取措施予以制止，必要时可将其扭送服务单位或公安机关。

发生纠纷，保安员要立即劝解、制止，并及时向服务单位主管部门报告，请有关人员到场处理。发生火灾、爆炸等治安灾害事故，应立即报警，在向服务单位报告的同时，要注意保护好现场。

（4）协助服务单位发现并消除治安隐患。保安员在守护过程中，发现守护区域内存在治安隐患，要报告服务单位，及时采取有效措施，堵塞漏洞，消除隐患。

四、目标守护时常见紧急情况的处置

（1）无关人员欲违反规定进入守护区域，应进行劝阻；对不听劝阻的，应坚决制止并迅速报告服务单位或有关部门处理。

（2）无证车辆欲进入守护区域，应示意其停车，对不听指挥强行进入的，应立即报告服务单位或有关部门，并记下车型、牌号、颜色等特征。

（3）发现不法侵害行为，应立即采取措施制止，并将不法行为人送交服务单位或公安机关，并做好现场保护工作。

（4）发生火灾、爆炸等灾害事故，应立即报警，并及时通知服务单位，积极采取措施。

五、案（事）件现场保护

案（事）件现场保护属于目标保护的一种，是指保安员在提供保安服务的过程中，遇有刑事、治安等案件或重大事件发生时，对案(事)件发生地点及相关的痕迹物证采取保护措施的活动。

1. 现场保护的任务

现场保护是一项法律性、技术性很强的业务工作,因此保安员一定要了解现场保护的任务(见表3-8),这样才能有针对性地做好现场保护。

表3-8　　　　　　　　　现场保护的任务

序号	主要任务	说明
1	划定现场保护的范围	可以根据犯罪分子在现场的活动情况、具体涉及的区域来确定 一般将作案中心现场,遗留有与犯罪有关的痕迹、物证的场所划入保护范围之内
2	封锁看守现场	保安员进行警戒,或用绳索、粉笔、石块、树枝等物做标志,禁止无关人员进入现场
3	适时采取相应措施	在保护现场的过程中,遇到需要抢救人命、排除险情、排除交通障碍、监视控制犯罪嫌疑人等紧急情况时,应适时采取相应措施
4	了解现场情况	寻找案件知情人了解有关案件发生、发现的情况,收集可疑信息与案件线索
5	汇报情况	向现场指挥人员、勘查人员汇报有关现场保护的情况,以及在现场保护过程中有关案件的情况

2. 犯罪现场的保护方法

犯罪现场,是指发生案件、事故的地点和遗留有与犯罪有关的痕迹、物证的一切场所。

(1)室内现场的保护。室内现场保护一般以中心现场为主进行保护,但也不能忽视必要的外围现场的保护。通常应采取的保护措施主要如下。

第一,封锁中心现场及有关通道,同时对室外明显有犯罪嫌疑人停留痕迹、遗留有犯罪物证的地点，进行圈定保护。

第二，必要时可对中心现场的犯罪嫌疑人出入口（门、窗、洞等处）派专人进行看守。

第三，对犯罪案件发生的职工宿舍、办公楼、营业单位等地点的案件现场，应请事主暂时离开现场。

> **小提示**
>
> 保安员在保护室内现场时，在刑事勘查人员到达现场之前，应禁止一切人员进入现场。此外，保安员自己也不能擅自进入现场，更不能触摸、移动现场的任何物品。

（2）露天现场的保护。露天现场因案件发生地点的不同、暴露程度的不同等，保护方法也会有所区别，需要灵活掌握，具体见表3-9。

表3-9　　　　　　　　露天现场的保护方法

序号	保护方法	保护要点
1	确定范围	从中心现场向外辐射，将留有犯罪痕迹、物证的地带圈进去
2	做警戒标志	在人员容易聚集的现场，要指派专人警戒，用警戒线将围观群众隔开（见图3-1）或用白灰等做标志
3	人员禁入	保护好现场，禁止无关人员进入现场 如果现场在道路上或路旁，要留出一定的空间供车辆、行人通过，或临时中断交通，指挥车辆、行人绕行
4	遮挡保护	如果涉及现场秘密，要用一些遮盖物对主要位置进行遮挡保护

3. 事故现场的保护方法

事故现场是指事故发生的地点和留有与事故有关的痕迹、物证的一切场所。常见的事故有火灾事故、交通事故、企事业单位重大责任事故等。

图3-1 用警戒线将围观群众隔开

（1）火灾事故现场的保护。火灾事故现场的保护通常在火灾发生过程中已经开始，直到火被扑灭，现场勘查结束，保护任务才算完成。火灾事故现场保护的时间相对较长，范围相对较大，一般火场情况复杂，涉及的保护力量相对较多。火灾事故现场保护工作要点如下。

1）划定火场保护范围，将火场和火灾扑救人员活动的空间划为保护范围，设岗看守，禁止无关人员进入。

2）派出移动巡查人员，随时发现薄弱环节，并及时调集人员加强保护。

3）疏导消防车进入火场。

4）留意趁火打劫的人员。

5）协助消防员抢救伤员、物资。灭火排险时，应注意尽量使现场少受破坏，对现场已经发生的破坏、变动，应尽可能记清，并如实向事故调查人员反映。

> **小提示**
>
> 　　如果是纵火案，发现犯罪嫌疑人尚未逃离现场，应将其抓获，扭送公安机关或单位保卫部门。

（2）交通事故现场的保护。对于交通事故，在进行现场保护时要从范围划定、抢救伤员、灭火排险、监护肇事人、寻找证人等方面进行，具体见表3-10。

表3-10 　　　　　　　交通事故现场的保护

序号	保护方法	保护要点
1	范围划定	现场范围不大、占据路面不多，且集中在路面一侧，可以在现场用绳索或隔离墩将事故现场与车辆继续通行的道路分隔开 现场范围较大，车辆行人已无法通行的，可暂时中断一段路面的交通，指示车辆、行人绕道而行，并做好警戒
2	抢救伤员	主动参与抢救伤员，先抢救危重伤员 记清伤员所处的位置、身体姿态、伤及的明显部位，向能说话的伤员了解事故经过
3	灭火排险	遇车辆起火，保安员应积极组织扑救。如起火车辆有爆炸的潜在危险，应及时疏散周围人员
4	监护肇事者	如果肇事者已受伤或生命垂危，保安员在护送救治过程中应注意监护 如果肇事者未受伤，仍在现场，应在现场对其临时监护，并询问其姓名、单位、住址等有关情况。遇肇事者畏罪潜逃的，应组织追缉
5	寻找证人	访问围观者或到临街店铺访问，记录证人的姓名、住址等必要信息

（3）企事业单位重大责任事故现场的保护。重大责任事故是指企事业单位职工（来自工厂、矿山、林场、建筑工地等）由于不服从管理，违反规章制度，或者强令工人违章冒险作业，发生的重大伤亡事故或造成其他严重后果的事故。针对不同的事故，采取的措施也会有所不同，常用的现场保护措施如下。

1）事故发生后，保安员应立即对现场采取保护措施，同时报告有关部门进行查处。

2）在抢救财产和伤亡人员，或为防止事故扩大，需要移动现场物品时，应事先做标志，以便有效地保护现场。同时，应将现场变动情况，如实反映给现场勘查人员。

3）阻止无关人员进入现场，以免破坏现场。同时，要做好伤亡人员亲属及财产损失失主的安抚工作，劝其不要急于进入现场。

4）将掌握的与事故有关的线索，如实提供给现场勘查人员，配合现场勘查人员查明事故原因。

模块 3　车辆指挥

车辆指挥是保安员每天必不可少的工作，保安员须接受车辆指挥技能培训，加强对车辆管理的认识和理解，以提升保安员的管理能力和技术水平。

一、道路交通管理设施的认识

交通管理设施主要是指交通标志、路面交通标线和交通指挥信号灯等，是保证交通安全畅通的不可缺少的附属设施。

1. 交通标志

交通标志是设在道路用地上指明道路状况的设施。我国道路上所用交通标志主要有以下四类。

（1）警告标志（见图3-2）。警告标志是用来警告车辆、行人注意危险地点的标志，其外形为等边三角形、黄底、黑边、黑色图案。警告标志杆宜为黄、白两色相间。

图3-2 警告标志

（2）禁令标志（见图3-3）。禁令标志是指用来禁止或限制车辆、行人交通行为的标志，其外形为圆形、等边三角形等，一般为白底、红边、红杠、黑色图案。禁令标志杆颜色为红、白两色相间。

图 3-3 禁令标志

（3）指示标志（见图 3-4）。指示标志是指示车辆、行人行进的标志，其外形为圆形或方形，一般为蓝底、白色图案。

（4）指路标志（见图 3-5）。指路标志是传递道路方向、地点、距离等信息的标志，其在一般道路上为蓝底、白色图案，在高速公路上为绿底、白色图案。

图 3-4 指示标志

2. 路面交通标线

路面交通标线就是我们经常见到的车道线、停车线、人行横道线、导向箭头、分道线、停车车道范围线等。一般用白漆（或黄漆）涂于路面上，也可用白色水泥、瓷砖、耐磨塑料等嵌砌或粘贴在路面上，以达到引导交通的目的。

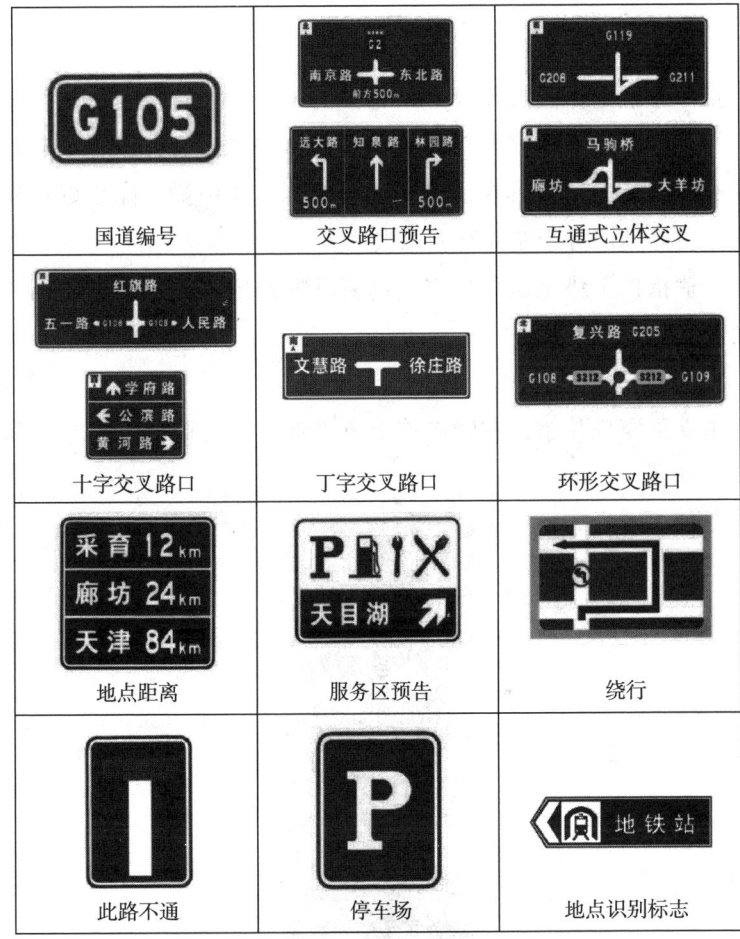

图 3-5 指路标志

3. 交通指挥信号灯

信号灯要求色彩清晰、亮度均匀,且应正对车辆前进方向,便于司机看清灯光颜色的变换。为避免视觉混淆,路口所有对信号灯有干扰的灯光应予以清除。

二、车辆指挥手势的认识

指挥车辆是保安员每天必不可少的工作,应对保安员加强车辆指挥培训,并加强保安员对车辆管理的认识和理解,以提高其业务素质和综合能力,使其在岗位上能够规范文明值勤,能更好地履行职责,更好地服务于企业和人民大众。

车辆指挥手势是每位保安员需要掌握的内容,八个车辆指挥手势要记牢。

1. 停车

由立正姿势开始,左臂向前上方直伸,手心向前。停车手势如图 3-6 所示。

图 3-6　停车手势

2. 放行

第一步:由立正姿势开始,向左方伸出左臂,手臂伸直与肩同高,手心向前。第二步:向右伸出右臂,手臂伸直与肩同高,手心向前。第三步:弯曲右小臂,右小臂与左臂平行。放行手势如图 3-7 所示。

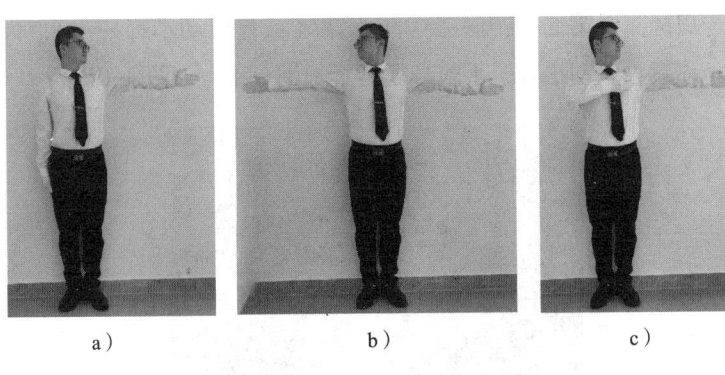

图 3-7　放行手势
a) 第一步　b) 第二步　c) 第三步

3. 慢行

由立正姿势开始，向前方伸出右臂与身体成 45°，手臂伸直，手心向下，向下摆动两次，幅度为 10~15 厘米。慢行手势如图 3-8 所示。

图 3-8　慢行手势

4. 倒车

第一步：由立正姿势开始，向前平伸两臂，手心向上，五指并拢，手臂与肩同高。第二步：向后摆两小臂（重复摆动小臂一次），大臂不动。注意：只动小臂，手腕必须挺直。倒车手势如图3-9所示。

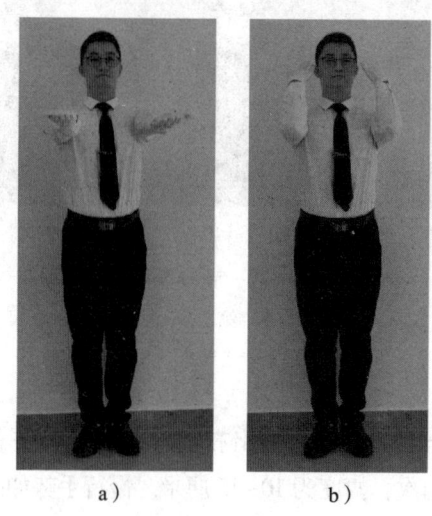

图 3-9　倒车手势
a）第一步　b）第二步

5. 靠边停车

第一步：由立正姿势开始，向前平伸左臂，手掌与手臂垂直，掌心向前，五指并拢。第二步：伸右臂，右臂与身体成45°，自然伸直，五指并拢，手腕挺直，手心向左，向左摆动两次，幅度为10~15厘米。车辆靠边停车后可恢复立正姿势。靠边停车手势如图3-10所示。

6. 停车检查

第一步：由立正姿势开始，向左方伸出左臂，与肩同高，五指并拢，手心向下。第二步：向右上方伸出右臂，自然伸直，与左臂成135°。第三步：下摆右臂，手心位置在左胯前20厘米处，车停恢复立正姿势。停车检查手势如图3-11所示。

第3单元 守护

a)　　　　　　b)

图 3-10　靠边停车手势

a) 第一步　b) 第二步

a)　　　　　　b)　　　　　　c)

图 3-11　停车检查手势

a) 第一步　b) 第二步　c) 第三步

7. 左转弯放行

第一步：由立正姿势开始，向右转体，转体同时伸出右臂，自然伸直与肩平行，五指并拢，手与手臂垂直，手心向前。第二步：

· 77

靠左脚同时伸出左手,左臂与身体成45°,五指并拢,手心向右。车走后恢复立正姿势,向左转体。左转弯放行手势如图3-12所示。

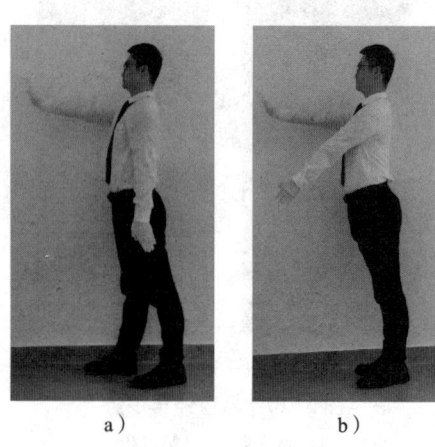

图3-12 左转弯放行手势
a) 第一步 b) 第二步

8. 右转弯放行

第一步:由立正姿势开始,向左转体,转体同时伸出左臂,自然伸直与肩平行,五指并拢,手与手臂垂直,手心向前。第二步:靠右脚同时伸出右手,右臂与身体成45°,五指并拢,手心向左。车走后恢复立正姿势,向左转体。右转弯放行手势如图3-13所示。

三、车辆疏导应急处理

1. 车辆起火

保安员发现机动车在行驶过程中起火,应采取如下应急处理措施。

(1) 告知驾驶员立即靠右侧停车,并使用车载灭火器灭火。

图 3-13　右转弯放行手势

a）第一步　b）第二步

（2）要求车上人员迅速离开车辆。

（3）立即和过往人员一起帮助车主，并视情况拨打"119"火警电话。

（4）失火车辆如随车载有贵重物品或货物时，保安员要做好警戒工作，还要在保证人身安全的前提下，和随车人员一起抢救随车物资。

（5）迅速清理出应急通道，保障正常的交通通行。

2. 车辆故障

保安员发现车辆在行驶过程中发生故障时，应采取如下应急处理措施。

（1）请驾驶员立即靠边停车或停在其他安全地带（可能和必要时，可协商用人力推行至不影响通行的地方）。

（2）在道路来车方向距故障车 5~20 米处摆放故障车警示牌，亮起警示灯。

（3）妥善安置故障车辆后，请驾驶员初步判定故障原因，排除故障。

（4）驾驶员难以自行排除时，保安员应维护现场秩序，确保车辆、人员、随车物品的安全，同时报告主管部门，等待支援。

3. 车辆交通事故

（1）守护区域内发生未造成人员伤亡的交通事故时，保安员应嘱咐司机或随车人员注意安全，还应保护好现场，并立即拨打"122"交通事故报警电话，最后保安员要向上级领导及服务单位主管部门报告。因特殊情况需改变现场的，要做好标记，尽可能找到证明人，取得联系方式。

（2）当交通事故造成人员伤亡时，应视情况进行救助或拨打"120"急救电话。

4. 出入口或交通要道堵塞

一旦发现车辆因各种原因故意堵塞出入口、交通要道时，保安员要立即前往事发地点了解情况、化解纠纷，在各出入口或交通要道进行预警，还要协调指挥相关车主尽量避免驶入事发区域，选择可通行的出入口或道路，及早预防和避免道路堵塞的发生。

注意：在处理以上应急事件时，保安员必须及时疏导急待通行的车辆。如事故发生在出入口处，在向相关车主解释和进行劝导的同时，应指派专人指挥协调车辆由出入口通行；如事故发生在交通要道处，在向相关车主解释和进行劝导的同时，应指派专人指挥协调急待通行的车辆尽可能就地掉头，沿相反的方向通行，尽快使相关车辆驶出事故发生区域或停到相应的车位上。对于有特殊情况暂时无法及时驶离事发区域的，要耐心劝导相关车主，尽量安抚车主情绪，必要时可带其离开事故现场予以安抚；对于有急事需办理或离开的，要尽可能给相关业主以相应的援助。

四、停车场（库）管理系统认识

停车场（库）管理系统属于非接触式 IC 卡一卡通系统，该系统集非接触式IC卡技术、计算机网络技术、视频监控技术、图像识别处理技术及自动控制技术于一体，实现了停车场（库）的全自动化管理，包括车辆出入控制，车型、牌号校对，车位检索、引导，停车费用收取等自动管理。

停车场（库）管理系统通常由入口管理系统、出口管理系统、管理中心三个部分组成。

1. 入口管理系统

临时车辆进入停车场前，需要从出票机中领取临时卡。临时车辆进入停车场时，读感器可自动检测到车辆进入，并可判断司机所持卡的合法性。如合法，道闸开启，车辆驶入停车场，摄像头抓拍下车辆照片，并存储在计算机里，控制器会记录下车辆进入的时间，于联机时传入计算机。

月租卡或永久卡车辆进入停车场感应区时，读感器将读到的信息传给控制器判断其有效性，若有效，自动起闸放行车辆，并记录下此车已入场，同时启动入口处摄像头，摄录该车辆图像，并依据相应卡号，存入岗亭的计算机硬盘中。车辆通过后，闸杆会自动放下。若无效，则报警，不予入场。

2. 出口管理系统

临时车辆驶出停车场时，在出口处，司机须将非接触式IC卡交给管理员，计算机根据IC卡记录信息会自动调出入口图像进行对比，图像对比确认无误后，一般需按规定交纳一定的费用。保安员按确认键，电动栏杆升起，同时出口处摄像头启动，摄录该车辆图像。车辆通过后，电动栏杆自动落下，同时计算机将该车信息记录到数据库内。

月租卡或永久卡车辆离开停车场时，如为近距离感应卡，司机需将感应卡贴近读感器，读感器读卡后将读到的信息传给控制器判断其有效性，同时出口摄像机启动，摄录一幅该车辆的图像，并依据相应卡号,存入收费管理处的计算机硬盘中。若有效,自动起闸放行车辆,并记录此车已出场,车辆通过后自动放下栏杆;若无效,则报警,不予出场。

3. 管理中心

管理中心由管理工作站、门禁控制管理软件、计费收费管理软件、泊位调度控制器、显示设备等组成。

第4单元 巡逻

模块1 巡逻准备

一、了解巡逻的任务与职责

巡逻是指保安员对区域、目标进行巡视、查验和警戒,保持昼夜全方位安全态势的一种动态的综合性服务。

1. 巡逻的任务

(1) 维护巡逻区域内的正常秩序,保证服务单位的生产、生活、教学、科研等的正常进行。

(2) 保护巡逻区域内重点目标的安全。

(3) 检查、发现并及时消除隐患、堵塞漏洞,防止各种案件、事故的发生。

(4) 发现、制止各种违法犯罪活动,抓获现行违法犯罪分子。

(5) 协助公安机关平息治安突发事件,如哄抢物资、打架斗殴等。突发事件须报告公安机关处理。

(6) 警戒和保护刑事案件、治安案件、治安灾害事故现场。

2. 巡逻的职责

(1) 按规定时间、路线,对巡逻区域进行全面巡视和检查。

(2) 认真检查公共区域内的设备设施是否完好,安全疏散通道是否畅通。

(3) 巡视中发现问题，应及时向上级汇报。

(4) 巡视中巧用四要素"看、听、闻、摸"，发现有无异味、异响等异常情况。

(5) 巡视中发现可疑人员或情况时，应及时上报，采取有效措施，避免事态进一步发展。

(6) 认真填写巡视检查记录，对发现问题和处理结果做详细记录并及时汇报。

二、了解巡逻方案

(1) 执行巡逻任务的保安员，应熟悉巡逻区域的地形、地物和要害位置，重点目标等情况，了解巡逻路线、巡逻重点、巡逻频次等。

(2) 熟悉巡逻区域中有关部门、人员的联系方式。

(3) 掌握处置一般问题和紧急情况的方法，自身解决不了的，能及时、准确报告。

三、准备好巡逻装备

(1) 担任巡逻任务的保安员要按规定着装。

(2) 携带经公安机关批准使用的防护用具，根据需要携带对讲机，夜间巡逻还应携带照明用具。

(3) 备好巡逻勤务登记簿。

模块2 巡逻实施

保安员巡逻的区域大小不同，巡逻方法也应不同。如需要巡逻的区域比较小，则保安员主要采用徒步巡逻的方式；如需要巡逻的区域比较大，则可以采用驾车巡逻与徒步巡逻相结合的方式。

一、巡逻签到

为方便签到、检查，保安责任区会安装巡逻签到箱，并配置签到卡（见表4-1）。一般要求各责任区的保安员在巡逻中，按规定时间打开签到箱，并在签到卡上签到一次。应打开责任区内的所有签到箱，并在签到卡上签到。每张签到卡，不允许有两位保安员同时签到。保安员在进行巡逻签到时，应在签到卡上签名并注明时间。

表4-1　　　　　　　　　保安巡逻签到卡

岗位：　　　　　　　　　　　　区域：

时间	签名	时间	签名	时间	签名

巡视记录：

二、巡逻中紧急情况的处置

巡逻中遇到正在实施的不法侵害行为时，保安员应迅速制止，并将不法行为人扭送服务单位或公安机关，途中要防止其行凶或逃跑。

遇到火灾、爆炸等事故，应立即报警，并采取措施防止事态扩大。要积极协助抢救受伤人员，同时做好现场保护工作。

1. 遇到正在实施犯罪的犯罪分子

（1）当即提出警告，并设法制止犯罪行为。

（2）立即发出信号，请其他保安员或服务单位的其他人员就近支援，拨打"110"电话报警，并组织力量堵截。

(3) 注意观察犯罪嫌疑人的体貌、语言、衣着特征及人数。

(4) 如保安员人数较多,应努力现场抓获犯罪嫌疑人,并扭送公安机关处理。

2. 发现普通可疑人员

发现可疑人员后,巡逻保安员要通过"查、看、问"来弄清情况,查其身份证件和物品,看其行为举止,问其所做事情的来龙去脉,如无问题则予以放行,如有问题则送保卫部门或公安机关处理。

3. 发现有犯罪嫌疑、身份不明的人

(1) 要防止其随身携带凶器,应组织保安员予以检查,发现凶器应立即收缴。

(2) 立即拨打"110"电话报警,请求公安机关派员处理。

(3) 要采取措施防止其行凶或逃跑。

(4) 在扭送过程中要有两位以上的保安员,并要防止犯罪嫌疑人行凶或逃跑。

4. 遇到刑事、治安案件或治安灾害事故发生

(1) 立即拨打"110"电话报警,同时向其他保安员发出信号请求支援。

(2) 保护好现场,禁止无关人员进入。

(3) 立即组织力量抢救伤员和财产。

(4) 组织力量维护好秩序,防止不法分子趁乱打劫。

5. 遇到精神病人或酗酒者扰乱社会治安秩序

(1) 好言劝其离开或者将其带离。

(2) 对酗酒者可让其到屋内休息,待酒醒再处理。

(3) 如情况较严重,则可拨打"110"电话报警,交由公安机关处理。

6. 遇到群体性集会、游行

(1) 立即拨打"110"电话报警,同时向服务单位报告。

(2）迅速通知其他保安员，特别是负责守护出入口的保安员，让其迅速关上大门，严禁人员进入。

(3）加强维护服务单位的正常秩序。

> **小提示**
>
> 保安员遇到紧急情况和重大问题时要及时、具体、准确地向服务单位、上级领导和公安机关等进行报告、请示。对于其给予的有关紧急情况处置的工作指示，要立即、坚决执行，及时反馈执行结果，并详细记录。

三、巡逻记录

保安员巡逻发现的有些情况有可能成为破获某个重大案件的重要线索，因此必须做好巡逻记录。填写巡逻记录表（见表4-2）是巡逻交接班必须执行的工作程序，可及时将本班次发现的可疑情况传达给接班人员，既是保安员应遵守的岗位职责，也是保安员职业道德素质的体现。

保安员出巡时，必须携带记事本，记事时，要书写工整、干净、清楚，且要保证内容真实。每次出巡都要坚持记录，不能空着不记或记下"平安无事"等敷衍了事。

表4-2　　　　　　　　巡逻记录表

日期	巡逻人员	巡逻区域	巡逻情况	记录人	备注

模块 3　巡逻交接班

实践证明，许多治安事件和犯罪活动都发生在保安员交接班的空当，因而加强交接班工作的管理将有助于降低辖区内的犯罪活动。

一、巡逻交接班的要求

（1）上岗接班人员，必须提前十分钟到岗进行交接。

（2）交接班应在指定的地点和时间进行。

（3）下一班保安员应在规定的时间到达交接班地点，并在交接班地点周围一边巡逻，一边等候接岗。

（4）交接班应相互敬礼，上一班出巡人员要将当班巡逻时辖区内的社会治安状况详细介绍给下一班出巡人员，并按规定进行警用器械的交接。

（5）接班保安员未到，在岗保安员在报告上级的同时，应继续巡逻不得擅自撤岗。

（6）交班后，如有上一班未完成的任务，应继续做好。必要时，上一班保安员可继续留任，帮助下一班保安员一起完成任务。

二、巡逻交接班的记录

巡逻交接班时，必须把相关事项在巡逻交接班记录单（见表4-3）上记录清楚并将记录单交给下一班保安员。

表 4-3　　　　　　　　　巡逻交接班记录单

　　　年　　　月　　　日　星期　　　

白班	值班人员：	时间：	至
交接班记录 （记录待办事项 及移交物品名称， 须详细记录）			
巡逻检查	第1次巡逻，巡逻人： 第2次巡逻，巡逻人： 第3次巡逻，巡逻人： 第4次巡逻，巡逻人： 当班巡逻情况：		
中班	值班人员：	时间：	至
交接班记录 （记录待办事项 及移交物品名称， 须详细记录）			
巡逻检查	第1次巡逻，巡逻人： 第2次巡逻，巡逻人： 第3次巡逻，巡逻人： 第4次巡逻，巡逻人： 当班巡逻情况：		

续表

夜班	值班人员：		时间：	至	
交接班记录 （记录待办事项 及移交物品名称， 须详细记录）					
巡逻检查	第1次巡逻，巡逻人：				
	第2次巡逻，巡逻人：				
	第3次巡逻，巡逻人：				
	第4次巡逻，巡逻人：				
	当班巡逻情况：				

备注：（1）交接班时，交班人、接班人都必须签字。
　　　（2）按表中所列次数巡查，并认真记录。
　　　（3）如发现问题，除记录外还要及时向有关领导汇报，并妥善解决。

模块4　火灾事故

消防管理是保安员工作的重要组成部分，当遇到火灾时，保安员应冷静应对，针对不同情况进行合理扑救，确保人员安全，减少财物损失。

一、火灾分类

《火灾分类》（GB/T 4968—2008）将火灾分为六类，见表4-4。

表 4-4　　　　　　　　　　　　火灾分类

火灾分类	说明
A 类火灾	指固体物质（这种物质通常具有有机物性质，一般在燃烧时能产生灼热的余烬）火灾，如木材、棉花、纸张等引起的火灾
B 类火灾	指液体火灾或可熔化的固体物质火灾，如汽油、煤油、甲醇、乙醇、沥青、石蜡等引起的火灾
C 类火灾	指气体火灾，如煤气、天然气、甲烷、乙烷、丙烷、氢气等引起的火灾
D 类火灾	指金属火灾，如钾、钠、镁、钛、锆、锂、铝等引起的火灾
E 类火灾	指带电火灾
F 类火灾	指烹饪器具内的烹饪物火灾

二、灭火的基本原理与方法

物质燃烧必须同时具备三个必要条件，即可燃物、助燃物和火源。所以，一切灭火措施，都是围绕破坏已经形成的燃烧条件，或终止燃烧的连锁反应而展开的，这也是灭火的基本原理。

灭火最基本的方法有三种：冷却灭火法、隔离灭火法、窒息灭火法。

1. 冷却灭火法

冷却灭火法可分为两种：一种是将灭火剂直接喷射到燃烧的物体上，以降低燃烧物的温度于燃点（着火点）之下，使燃烧停止；另一种是将灭火剂喷洒在火源附近的物质上，使其不因火焰热辐射作用而升高温度至燃点。

冷却灭火法是灭火的主要方法之一，常用水和二氧化碳（液态或固态）作灭火剂冷却降温灭火。灭火剂在灭火过程中不参与化学反应，所以冷却灭火法属于物理灭火方法。

2. 隔离灭火法

隔离灭火法是指将周围未燃烧的可燃物质移开或与正在燃烧的物质隔离，中断可燃物质的供给，使燃烧因缺少可燃物而停止。具体方法如下。

（1）将火源附近的可燃、易燃、易爆和助燃物品搬走。

（2）关闭可燃气体、液体管道的阀门，减少和阻止可燃物质进入燃烧区。

（3）设法阻拦流散的可燃、易燃液体。

（4）拆除与火源毗连的易燃建筑物，形成防止火势蔓延的中间地带。

3. 窒息灭火法

窒息灭火法是指阻止空气流入燃烧区或用不燃烧气体冲淡空气，使燃烧物得不到足够的氧气而熄灭。具体方法如下。

（1）用沙土、水泥、湿麻袋、湿棉被等不燃或难燃物质覆盖燃烧物。

（2）喷洒雾状水、干粉、泡沫等灭火剂覆盖燃烧物。

（3）将水蒸气或氮气、二氧化碳等气体灌入发生火灾的容器、设备。

（4）密闭起火建筑、设备和孔洞。

不同类别的火灾，灭火的方法也会不同。对于 A 类火灾，一般可采用水冷却法，但对于忌水的物质，如纸等应尽量减少水渍所造成的损失，如对于珍贵图书、档案等，应使用二氧化碳、卤代烷、干粉灭火剂灭火。对于 B 类火灾，应切断可燃液体的来源，将燃烧区容器内可燃液体排至安全地区，用水冷却燃烧区可燃液体的容器壁，减慢蒸发速度，然后及时使用大剂量泡沫灭火剂、干粉灭火剂将火灾扑灭。对于 C 类火灾，应关闭可燃气体管道的阀门，防止可燃气体发生爆炸，然后选用干粉、卤代烷、二氧化碳灭火器灭火。

对于 D 类火灾，因为金属燃烧时温度非常高，水及其他普通灭火剂均无效，应用特殊的灭火剂，如干砂等。注意：有的金属燃烧（如钠和钾燃烧）引起的火灾，切忌用水扑救，因为水与钠、钾起化学反应会放出大量热和氢气，不但不能灭火，还会使火势更猛烈。对于 E 类火灾，用 1211 灭火器、干粉灭火器、二氧化碳灭火器效果较好，因为这三种灭火器的灭火剂绝缘性能好，一般可杜绝触电伤人事故的发生。对于 F 类火灾，可选择便携式食用油专用灭火器或者厨房设备灭火装置。

三、火灾事故的紧急处置原则

1. 一旦发现火灾，要立即报警

通常情况下，一旦发现火灾，要立即报警。因为救火是分秒必争的事情，早一分钟报警，消防车早到一分钟，火灾就可能更及时被扑灭；耽误了时间，小火就可能变成大火，小灾就可能变成大灾。而且，火灾的发展常常是难以预料的，有时似乎火势不大，保安员认为自己能够扑救，但是往往由于各种因素，火势突然扩大，如果此时才报警，就会使灭火工作处于被动状态。

2. 先控制火势蔓延，再将火灾扑灭

对一时难以扑灭的火灾，保安员首先要想方设法控制住火势，使之不蔓延扩大。特别是在火势较大，而灭火力量较弱的情况下，应把主要力量放在控制火势发展和防止爆炸、泄漏等危险情况的发生上。这样先控制后扑灭两者紧密结合，会收到更好的效果。

3. 救人第一，灭火第二

当发现有人被困于火场时，保安员首先要竭尽全力把被困于火场的人抢救出来。如果灭火力量较强，也可以救人与灭火并重。

4. 先重点，后一般

在灭火过程中，应将重点放在重点单位和重点区域，而且抢救

人重于抢救物资,抢救贵重物资又重于抢救一般物资,控制火势重于扑灭火灾。注意:容易发生爆炸、泄漏、倒塌的地方,应当列为重点。

5. 正确选用灭火剂和灭火方法

保安员要根据火场火势和可燃物质种类来确定选用什么灭火剂和采用什么灭火方法来灭火,这对于有效扑灭火灾至关重要。

四、火灾事故的紧急处置程序

火灾事故的紧急处置程序大体可以概括为:报警—灭火—疏散人员和物资—抢救被困者—设置火场警戒线—引导和协助消防队灭火—保护火灾现场并协助消防部门调查火灾原因。这一程序,凡是人力、物力允许,可以同步实施的,应当同步实施,或者将最有利于灭火和抢救人员、物资的步骤提前实施。总之,要机动灵活,不能生搬硬套。

1. 报警

发现火灾应立即拨打"119"电话报警。《中华人民共和国消防法》第四十四条规定,任何人发现火灾都应当立即报警。拨打"119"电话报警要做到如下几点。

(1)牢记报警电话,不要惊慌失措。一旦发现火灾,应当立即利用手机或座机拨打"119"电话报警。多人同时发现火灾时,可以一人报警,其他人灭火。

(2)沉着冷静,清晰而有序地报告火情。当拨通"119"电话,对方接听后,要沉着冷静,清晰而有序地向消防部门值班人员说明情况,如详细地址、火情(为什么着火和火势大小)、已经采取的灭火措施等。

(3)要注意消防部门值班人员的提问,并尽自己所知回答,还要将自己的电话号码告诉对方,以便联系。

（4）当消防部门值班人员告知"消防车已经出动"后，报警的人应立即在消防队将要到达的、火场附近的岔路口等候，并引导消防车到达火场附近。

> **小提示**
>
> 拨打"119"电话报警后，应立即报告单位领导或值班人员，以便他们尽早组织动员在场的人员，进行灭火。

2. 灭火

发现火灾，拨打"119"电话报警后，等待消防队到来的同时应争分夺秒、不失时机地采取一切有效方法努力灭火。保安主管应以最快速度组建火场灭火指挥部，启动应急预案，兵分两路灭火（一路全力灭火，一路负责保护火场四周），严防火势蔓延，为消防队到达后的灭火创造有利条件。

3. 疏散人员、物资

组建一个负责紧急疏散人员、物资的小分队，必须坚持先人后物、多方向疏散、尽快脱离火场的原则，有序地组织疏散转移工作。

4. 抢救被困者

火灾发生后，高层建筑物和医院等地方，都容易出现来不及逃离而被困火场的人员。这时，火场指挥人员必须保持头脑清醒，判断在什么地方还有哪些被困人员需要紧急抢救，并指派经过消防抢救训练的保安员执行抢救任务。在消防队到达后，要向消防人员详细介绍应紧急抢救人员在建筑物内的具体位置及通道状况。如有可能，应指定熟悉情况的人带路，从各方面协助消防人员进行抢救。同时，还可以在火场边缘用广播喊话，引导被困人员发出求救信号，以便抢救。对抢救出来的受伤的被困者，要立即送往医院，进行抢救治疗。

5. 设置火场警戒线

火灾发生后,在短时间内容易发生一些混乱现象,如人员惊慌失措等。因此,只要人力允许,保安员应在采取报警、灭火、紧急疏散等措施的同时,在火场四周设置一道警戒线,并做好警戒工作,这样做的目的如下。

(1) 为相关人员提供保护,发现有烧伤、中毒等情况的,即时进行抢救。

(2) 为被紧急疏散的人员提供引导,指导他们有序地、多方向地撤离。

(3) 严防个别人,特别是外部人员,趁火打劫。

(4) 为灭火后现场保护和协助消防部门进行火灾事故调查打下基础。

6. 引导和协助消防队灭火

专业消防队到达后,保安员应引导和协助消防队尽快进入灭火作战状态,这时应做好以下工作。

(1) 准确无误地提供消火栓灭火系统的具体位置。

(2) 精练、扼要地报告火灾位置、引发原因、火势等情况。

(3) 提供被困火场的人员的情况、重要物资的具体位置等。

(4) 提供其他方面的帮助。

7. 保护火灾现场并协助消防部门调查火灾原因

火灾发生后,必须查明其发生的原因,所以保护好火灾现场特别重要。

(1) 保护火灾现场的方法

1) 在整个扑灭火灾的过程中,应注意发现和保护具体的起火位置,特别是在灭火后清扫时,不要轻易触摸和移动物品,尽可能保持燃烧后的原始状态。

2) 在灭火过程中,设置火场警戒线后,要责成警戒人员禁止无关人员进入火场，严密封锁现场。清理火场的工作，应在经过现场勘查，并得到消防部门同意后再进行。

3）严格控制进入现场负责勘查的人员，凡进入现场的人员都要经过消防部门的同意。在现场不要随便走动，尤其是进入重点勘查区域的人员不宜过多。注意防止踩坏被覆盖的痕迹和物品。

（2）调查火灾原因的方法

1）通过调查访问，弄清起火前的情况和起火时间等。

2）仔细勘查现场，确定起火位置并收集物证。勘查现场一切要以证据为依据，切忌主观臆断、先入为主。现场情况掌握得越多、越详细，越有利于准确判断火灾原因、责任和性质。

3）综合分析，确定火灾原因。把调查访问和现场勘查所获得的各种材料，综合起来进行逻辑归纳和科学推理，对起火时间、位置和起火原因的各种可能性逐一推敲。对涉及的复杂技术问题，要请有关专家和部门进行技术鉴定来解决，以提供科学数据。

五、火场逃生技巧

1. 毛巾捂鼻法

逃生时应用折叠多层的毛巾捂住口鼻，这样可有效降低烟气温度，过滤多数毒气。

2. 匍匐前进法（见图4-1）

火灾烟气温度高，且多聚集在上部空间，逃生过程中应尽量将身体贴近地面匍匐前进，以防窒息。

3. 湿被护身法（见图4-2）

将浸湿的棉被、毛毯等裹在身上，以最快的速度冲到安全区域。

4. 逆风疏散法

根据火灾发生时的风向来确定疏散方向，迅速逃到火场上风处躲避火焰和烟气，同时也可获得更多的逃生时间。

图 4-1　匍匐前进法

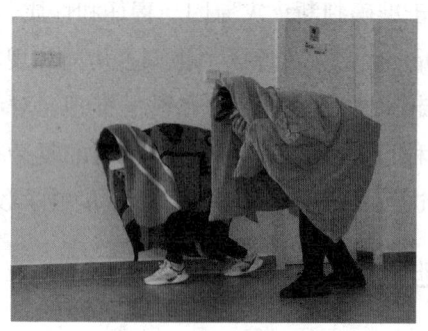

图 4-2　湿被护身法

5. 绳索自救法

如果屋里有绳索，可先将绳索打好节点，被困时将绳索一端拴在门或窗框上，再沿绳索爬下。

6. 被单拧结法

将床单、被罩等撕成条，拧成麻花状并连接在一起，按绳索逃生方式沿外墙爬下。

7. 楼梯转移法

当火势自下而上迅速蔓延以致火将相应单元的楼梯封死时，保安员可引导住在上面楼层的居民转移到另一单元的楼梯进行疏散，或者迅速躲到屋顶。

8. 关门隔火法

如果火势太大无法冲出房屋，应立即关紧门窗，用毛毯、棉被等堵住门、窗的缝隙，并不断往上浇水冷却，防止外部火焰和烟气侵入，抑制火势蔓延，等待消防部门救援。

9. 卫生间避难法

实在无路可逃时，可躲到卫生间避难。用毛巾塞紧门缝，把水泼到地面降温。千万不要钻到床底、衣橱等处避难。

六、火场救人要领

如果有人被困或遭浓烟呛晕而需要帮助，保安员须留意两大要点：第一，避免自己受伤；第二，迅速行动。先别替伤者护理伤口，应迅速救他离开火场。

1. 救人的具体措施

（1）救人前，先报警请求消防部门援助。

（2）如果火势猛烈或大楼快要倒塌，切勿冒险进入。

（3）假如毒烟（有些家具燃烧时会产生致命的气体）弥漫火场，切勿入内，应等待消防员带呼吸装备前来救援。

（4）进火场前，把绳子一端拴于腰间，另一端叫人在外面拿着。万一迷失方向，可凭绳子沿原路走出火场。如果被烟呛晕，外面的人还可以把自己拉出火场。保安员应事先与火场外的人达成默契，如先说好自己会一直轻轻拉紧绳子，绳子一旦软下来，请他们立即拉自己出火场。

（5）用湿手帕掩住口、鼻，或戴上口罩，以抵挡浓烟，但仍会吸进一定程度的有毒气体。

（6）如有毯子或大衣，应搭在肩上或拿着带进火场中，可用来裹伤者。

(7) 进入火场时,每开一道门,可先用手背触门把手,假如烫手,切勿进内。

(8) 若逃生去路快要被截断,切勿继续前行。

(9) 若门把手烫手,开门时应防止房内的热气流把门推开。假如门是向外开的,应用脚顶住门,以免它突然弹开。

(10) 深呼吸几下,打开一道门缝,热空气散掉后再进去。

(11) 进入浓烟密布的房间时,身体尽量俯屈使重心尽量靠近地面,必要时可匍匐前进。

(12) 找到伤者时,迅速带其到安全地点,脱离险境才可实施急救。

2. 采取背负救护法

(1) 扶伤者站立。如伤者已昏迷,先将其头放在自己脚上,脸朝上,然后自己双臂穿过其腋下,慢慢扶起伤者。

(2) 伤者站起后,可用左手抓住其右手腕,屈膝弯腰,把头靠在伤者右臂旁,将伤者横放在自己右肩上。

(3) 小心站起,背部尽量挺直。转用右手抓住伤者的右手腕,左手就可腾出来开门或扶着栏杆。

模块5 紧急救护

保安员在日常的值勤工作中,经常会遇到有人突发疾病或者受到某种伤害而需要给予紧急救护。同时,在值勤中由于各种原因自己也可能发生意外事故或受到伤害,需要对自己进行紧急救护。因此,保安员须正确掌握紧急救护的方法。

一、烧（烫）伤

烧（烫）伤是保安员在工作中常遇见的伤害，可能引致发炎、休克，往往需请医生治疗，但一些特别小的烧（烫）伤可以自行处置。

1. 伤处面积较小（比汽水瓶盖小）

尽可能在伤处肿起之前，除下戒指、手表、紧身衣物等。

（1）伤处疼痛。多半只是烧伤表皮，可用缓慢流动的冷水冲洗伤处10分钟。倘若仍然疼痛，可继续冲洗。冲洗后可用消毒敷料（可用清洁的手帕作为敷料）包扎。

（2）伤处皮肤呈深红色，并且烧焦或剥落，不太痛。伤势可能很严重，应把伤处盖住，立即送伤者去医院，必要时应送到医院急救室抢救。

> **小提示**
> 切勿敷上膏药，也不要涂油剂、乳膏或洗液。皮肤起疱，切勿将之刺穿，也不要触摸伤处。

2. 伤处面积略大（比汽水瓶盖略大）

尽可能在伤处肿起之前，除下戒指、手表、紧身衣物等。

用缓慢流动的冷水冲洗伤口至少10分钟，倘若仍觉疼痛，应继续冲洗。如果伤处面积大，应用清洁湿布使伤处凉一凉，但不要因此延误救医，可用无绒毛的清洁布块覆盖伤处，不过最好用消过毒的敷料敷在伤处上，再加上布条包扎。

3. 身体大部分烧（烫）伤

若身体大部分烧（烫）伤，如手臂、大腿、小腿、胸部等，伤者可能休克，应马上拨打急救电话送伤者到最近的医院。

在救护车到达前应做如下处理。

（1）让伤者躺下，最好躺在毯子或床单上，以免伤处接触地面。如果伤者背部烧伤，须将其身体安置成俯卧式。

（2）如果伤者神志清醒，可以频频给伤者呷几口冷水，以补充因烧伤而失去的水分。

（3）衣物若在很热的液体中浸过，开始冷却时就要脱下。如果有任何衣物黏附在伤处，切勿除去。

（4）用无绒毛的清洁布块（如洗净的枕头套）覆盖伤口，再用围巾或布条扎紧。

二、擦伤

保安员身上常有的小擦伤，一般不用看医生，但如果伤口污秽或有沙粒嵌入伤口，可能引发感染，就应去看医生，还应注意细心地对伤口进行护理。

（1）用干净的纱布或棉球，蘸微温的肥皂水清洗伤口周围。

（2）要从伤口处向外揩拭。

（3）用水冲掉浮尘或碎石粒，必要时可用镊子小心地清除。

（4）用干棉球吸干伤处。

（5）如果擦伤的面积较小，贴上医用胶布即可；如果擦伤的面积较大，则要盖上消毒敷料。如无消毒敷料，也可用一块折叠好的干净手帕代替。

（6）不要朝伤口或敷料咳嗽，以免伤口感染。

（7）切勿用棉花作敷料盖伤口，因为纤维容易附着在伤口上。

（8）如果伤口十分肮脏，或者被生锈的物体弄伤，就要立即找医生诊治。患者可能要接种破伤风疫苗或进行一个疗程的抗生素治疗。

（9）如果日后伤口渗出脓液，或伤口疼痛发炎，也应及时就医。

三、枪伤

在与持枪歹徒做斗争时常会发生枪伤事故。在枪伤事故中，子弹可能在人体留下两个伤口，一个在射入人体时留下，另一个在子弹穿出时留下。

急救枪伤者，须检查子弹射入和穿出的两个伤口。伤者本人可能只注意到子弹射入的伤口，如找不到子弹穿出的伤口，子弹可能留在体内，也可能从身体上反弹了出去，只留下一个看似有子弹射入的伤口。子弹会严重伤害人体组织，骨头中枪后还可能碎裂。凡有枪伤，必须立即找医生救治。中枪后应立即采取伤口急救法，方法是：用干净的布块紧压伤口，甚至用手直接按压伤口，借以止血。如果有进出两个伤口，应一并按住，一直到出血减少，再用敷料盖住伤口，小心包扎好，从速找医生。

四、急性中毒

短时间内大量毒药经皮肤、黏膜或呼吸道、消化道进入人体，使机体受损并发生功能障碍，称为急性中毒。不同的毒药对应不同的症状，急救措施也各有不同。

1. 除毒

保安员发现有人员中毒后，须第一时间拨打"120"急救电话告知医院，在医护人员到来前应采用可行的除毒方法。一些常见中毒症状对应的除毒方法见表4-5。

表4-5　　　　　常见中毒症状对应的除毒方法

序号	中毒症状	除毒方法
1	皮肤中毒	将患者移离毒物污染场所，脱去被毒物污染的衣服，用清水、肥皂洗刷接触毒物的皮肤

续表

序号	中毒症状	除毒方法
2	煤气中毒	将患者移到空气流通的地方,除去紧身衣物,保持呼吸顺畅
3	食物中毒	经消化道中毒者,除强酸强碱中毒者外,可用手指、牙刷柄或不锈钢汤匙柄刺激咽后壁以催吐,有条件的可用小苏打水洗胃
4	眼睛中毒	迅速用微温清水或0.9%的盐水冲洗眼睛,有条件的可以使用眼药水(膏)以防止感染

2. 解毒

解毒和对症救治一般要在医院进行,因此保安员要及时请医院派人前来或直接将患者送医院抢救,应准确向医务人员提供中毒时间、中毒途径、所中毒药的品种和数量。

五、昏迷

1. 症状识别

保安员在巡逻中若发现有患者出现昏迷的情况,就要按以下步骤对其症状进行识别。

第一步,刺激患者。当患者昏迷时,应拍打患者双肩,同时大声呼喊,判断患者有无反应。如果是浅昏迷,患者不能被叫醒,但有自主呼吸,且有较少无意识的自发动作,如在外界声音、光强烈刺激下,会有发出咕哝声、眨眼等微小反应。如果是中、深度昏迷,患者对任何刺激(包括强刺激)都没有反应,自发动作也会很少或完全消失。

第二步,检查病情。检查患者气道是否通畅,口腔内是否有异物,有无打鼾、呼吸、呕吐、眼球固定、瞳孔散大等情况;在其喉结旁两横指处触摸颈动脉,以判断其脉搏是否规律;如有血压计,可检查患者血压有无下降。

第三步，拨打"120"急救电话。完成上述症状识别后，要大声呼救，并立即拨打"120"急救电话。

2. 救治方法

在等待急救车到来的过程中，按以下方法对患者施救。

（1）平卧。如果是外伤引起的昏迷，在伤情不明的情况下，不可随意搬动患者，应将患者安置成去枕平卧位，并使其头偏向一侧，使其呼吸道保持通畅。

（2）侧卧。如果患者无外伤，应将其翻转至侧卧位，以防止窒息。施救者一只手抓住患者远侧肩头或肘部，另一只手抓住远侧腿屈曲的膝盖，将患者翻转至侧卧位，然后调整腿部位置，使其身体保持稳定。

（3）压额抬颌。如果患者不能翻转成侧卧位，需用压额抬颌的方法开放患者气道。施救者一只手按在患者前额往后压，另一只手将患者下颌向上抬起，使下颌骨与地面垂直（颈部损伤不适用此法），并密切观察患者生命体征。

（4）心肺复苏。如果患者意识不清，并伴有呼吸、心跳停止，应立即对其进行心肺复苏。心肺复苏可以使患者的呼吸道开放，重新开始循环呼吸。

1）操作步骤（见图4-3）

①救助人员跪在患者身体的一侧，两腿打开，与肩同宽。

②将一只手的中指放于患者胸骨下半段（或两个乳头连线的中点），食指与中指并拢，放在胸骨上进行定位。

③将另一只手的掌根紧靠在定位的食指旁，使掌根正好置于胸骨的中线上。

④在掌根位置固定好后，将之前放于心窝处的那只手重叠其上。

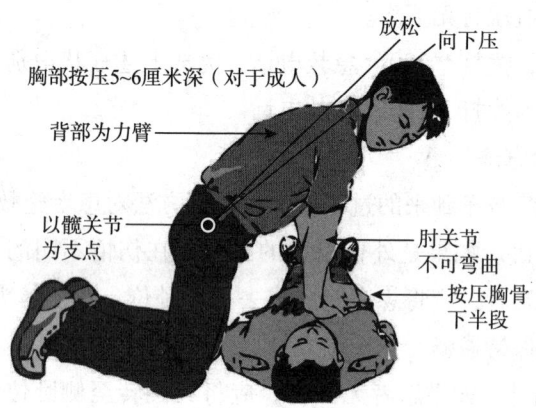

图4-3 心肺复苏操作示意

⑤将重叠在一起的两手的手指翘起,双臂伸直,借助身体的力量进行按压。

⑥按压时,应将患者的胸骨下压5~6厘米(对于成人);放松时,救助人员的手不可移动位置。

⑦连续做30次按压后,做2次人工呼吸。按压的速度为每分钟不少于100次,人工呼吸每次的吹气时间为1~1.5秒。

⑧救助人员在做按压时,嘴里最好数数,以确保频率正确。

⑨在实施完一个按压循环后,应检查患者的呼吸和颈动脉搏动是否恢复。如没有恢复,应重复做心肺复苏,一直做到患者的呼吸和颈动脉搏动恢复,或专业医护人员到达,方可停止。

2)注意事项

①首先要确定患者确实已经失去了意识才可实施心肺复苏。

②在实施心肺复苏之前,应先将患者移到安全区域。

③使患者以仰卧的姿势平躺在地板或地面上,这样可以确保在实施心肺复苏时患者不会摇动。

④要保持患者的呼吸道顺畅,做人工呼吸前应先清除其口中或

呼吸道中的分泌物及异物。若患者戴有假牙，在进行人工呼吸前应将其假牙摘下。

⑤进行人工呼吸时，救助人员的吹气量应为成年人深呼吸的正常量。

⑥若患者的舌头出现后坠现象，应将其舌头拉出来，以防舌头堵住气管引起窒息。

⑦为防止传染疾病，救助人员在做人工呼吸之前可用纱布或纸巾盖在患者的嘴上。

⑧实施心肺复苏很容易导致患者肋骨骨折，进而可能造成内脏的损伤或引起内脏穿孔出血。尤其是老年人，因为骨质疏松和胸廓弹性下降，更容易发生肋骨骨折。在进行胸外心脏按压时，一定要掌握正确的方法和合适的力度。

第5单元 安全检查

模块1 人员检查

一、人员检查的程序

1. 告知

当受检者走进安全检查专门通道，距值勤保安员 1.5~2 米的地方时，值勤保安员应示意其停下，并告知按法律规定对其进行检查，请其予以配合并出示有效证件。

2. 证件检查

在受检者掏出证件时，值勤保安员应注视对方双手、肩部和眼睛，并密切注视其动作。上前接证件时要注意防备，特别是注意武器的安全，防止武器被抢夺。接过证件后，可后退一步，适当拉开距离，但眼睛要始终注视着受检者。查验证件时，应要求受检者将证件举至约与肩同高，使证件与受检者同处于保安员视野范围内。认真查验身份证等证件，核实受检者的身份。在核实其身份时可采用盘问的方法，盘问要由浅入深，问明受检者的姓名、住址、工作单位等，弄清其所携带物品的种类，盘问中应注意其表情、动作和语言的逻辑性，善于发现疑点。

3. 人身安全检查

人身安全检查，是指对受检者可能携带、藏匿的违禁品、危险品、限带品依法进行搜索、检查的行动过程。在进行人身安全检查时，必须保持高度警惕，检查主要按从上至下、从右至左的顺序进行，重点是上肢、头部、脖颈、衣领、前胸、腋下、腰部、腿部等部位，一般要求用手挤压、触摸翻动，不可轻拍轻摸（轻拍轻摸，易检查不出违禁品）。人身安全检查必须认真彻底，不留隐患。一般容易忽视但有可能隐藏凶器的位置为：帽子内部、衣领口、腋下、腰间、皮带内侧、衣服口袋、小腿部位等。实施人身安全检查时，必须分工明确、站位合理，一般采取一人检查，其他人员警戒的方法。

二、人员检查的方法

1. 观察检查

观察是保安员实施人员检查的基本方法，做好观察检查的前提是能识别坏人。

（1）对正在实施违法行为的犯罪分子的识别。对于此类人，主要应抓住其体貌特征的异常变化，不合情理的表现，以及与其他人、物、时间、空间的不正常关系进行识别。

（2）对伺机作案的违法犯罪分子的识别。对于此类人，重在抓住其准备作案的心理特点和行为表现。例如，在公共复杂场所准备扒窃的人，总是用眼神四处搜寻目标，然后向一些只顾购物、买票、挤车、行走、付款而疏于防范的人身后或两侧贴近。

（3）对作案后隐匿、流窜的违法犯罪分子的识别。对于此类人，可采用他们常出现的异常标记、痕迹等进行联想识别，或者根据其体貌特征进行记忆识别。

2. 辩证检查

辩证检查中需做好对证件和物品的识别、对事和各种可疑迹象的识别，这其中蕴含着一种辩证的思考方式。

（1）对证件和物品的识别。例如，对证件真伪的识别，就需要先识别持证人出示的证件有无涂改、剪裁的痕迹，与标准证件的尺寸、字体等有无差别，继而再与持证件人进行对照；对携带物品的人与物品关系的识别，就需要判断携带物品的人的身份与物品是否相符，如一位男士携带很多女士服装、饰品，这就属于身份与物品不符，应加强警惕。

（2）对事和各种可疑迹象的识别。这里所指的事，特指可能引发案件、事故，给服务单位和社会造成危害，带来生命财产损失，引发治安秩序混乱的各种矛盾、隐患等。例如，有人在易燃品堆放处吸烟，就可能引发一场火灾。

3. 盘问检查

（1）盘问检查时的站位技巧。一对一盘问检查时，保安员站位与受检者要保持一步以上距离，侧身而立，严防对方出拳、踢腿。一对二盘问检查时，站位距离和侧向与一对一时相近，保安员应要求两位受检者紧靠一起，防止自己腹背受敌。一对四或二对四盘问检查时，站位距离要相应加大，尽量引导对方紧靠墙根、栏杆等，严防对方四面散开形成包围圈。总之，盘问检查任何人时，要从应付最坏的情况出发，做好一切应急准备，而在表情上要从容、不露声色。

（2）盘问检查时的问话技巧

1）关心式。对深夜单独走路的人或男女伴行的人，可以用关心的方式进行问话，如："这么晚了，还去哪儿呀，多不安全！"要想方设法引导对方回答，以便接着问下去。对男女伴行表情异常的，可以把男女分开问话，从中发现破绽。

2）警戒式。警戒式问话一般运用于情况不明的对象，如总在附近徘徊的人、四处张望的人、情绪低沉忧郁的人等。对于这种情况，可以主动问话，如"您是不是在等人？""您是不是遇到什么困难了?"。

3）警告式。警告式问话适用于在观察与识别中发现了明显疑点，需要带受检者前往安全保卫组织或公安机关进一步审查的人，但在问话的语气、节奏上要注意策略，不要使对方意识到已发现其问题。

盘问检查时，如有两名保安员，要注意分工：一人负责问话，一人负责警戒、预防来自受检者的突然袭击。同时，还要注意受检者的面部表情、动作、情绪和语言有无异常的地方。在盘问检查中查验对方证件时，要伸手把证件接过来看，不要向前探身，以保证自身安全。

三、使用安检设备检查

当受检者从安检门通过时，安检门如果发出报警信号，可以判定受检者有金属物品，此时需要借助金属探测仪再次进行检查。实施检查时，保安员应右手持金属探测仪，左手为防护动作，确保检查过程中自身安全。检查过程中，要注意受检者身体的以下部位：前面、腰部、背部、腿部、左右手臂、脚踝内外侧、脚底等。

四、安全检查中异常情况的处置方法

1. 发现被通缉的犯罪嫌疑人

在安全检查过程中，发现被通缉的犯罪嫌疑人，应当立即采取稳控措施，并及时报警，配合公安机关处理。

2. 受检者不能与保安员保持适当的距离

值勤的保安员应要求受检者站在原地，自己适当后退，使自己与受检者始终保持1.5~2米的距离（借助金属探测仪检查时除外），以防出现袭击情况；拒不配合的，应迅速采取相应措施，并向领导汇报。

3. 受检者不配合检查、强行闯入

遇受检者不配合检查、强行闯入的,保安员应立即阻拦受检者的去路,同时警告受检者。如果受检者不听劝阻,保安员可视情形依法使用警械对其进行控制,并将其带离进行检查。处置措施一般按照由轻到重的次序可分为口头制止、徒手制止、使用警械制止。

五、填写人身安全检查登记表

保安员应在人身安全检查登记表(见表 5-1)上详细填写检查情况(填写内容包括被检查人、检查时间、异常情况、处理办法、检查人、记录人等),并在规定时间内将相关情况以书面形式向上报告。

表 5-1　　　　　　　　人身安全检查登记表

被检查人	检查时间	异常情况	处理办法	检查人	记录人

模块 2　物品检查

一、违禁品、危险品、限带品的定义

1. 违禁品

违禁品指法律规定不准私自制造、购买、使用、持有、储存、

运输、进出口的物品，如枪支、管制刀具等，其名称和种类由主管机关规定和公布。

2. 危险品

危险品就是具有危险性质的物品，是易燃、易爆、有强烈腐蚀性、有毒和放射性等物品的总称，如汽油、炸药、强酸、强碱、苯、萘、赛璐珞（一种塑料）、过氧化物等。

3. 限带品

限带品是指虽然不违反法律、法规规定，但违反大型活动惯例或可能影响大型活动场所安全和秩序，其使用在场所内受到限制的物品，如体积较大不适宜带入座席区的包、箱，含酒精饮料等。

二、手工开包、箱检查

1. 手工开包、箱检查的适用范围

（1）体积过大不能用 X 光机进行检查的包、箱。

（2）通过 X 光机检查后不能确定安全的包、箱。

（3）用 X 光机检查时，图像模糊不清无法判断物品性质的包、箱。

（4）用 X 光机检查时，发现似有电池导线，粉末状、液体状、枪弹状物品及其他可疑物品的包、箱。

（5）X 光机图像中显示有容器、仪表等物品的包、箱。

（6）装有照相机、收音机、录音录像机、计算机等物品的包、箱。

（7）携带者特别小心对待或时刻不离身的物品。

（8）携带者携带与着装不相匹配的物品。

（9）携带者声明不能用 X 光机检查的物品。

（10）现场表现异常的旅客或群众揭发的犯罪嫌疑人所携带的物品。

2. 手工开包、箱检查的程序

（1）整体观察，掂重量。

（2）检查包、箱的每个面，注意副兜和拉杆。

（3）慢慢拉开拉锁，检查夹层。

（4）打开包、箱盖时，应用手轻压衣物，避免拉链夹住衣物。

（5）将包、箱内的物品分层取出，取上层物品时要用手轻压住下层物品，取出的物品要分清顺序和方向，左放左、右放右。

（6）检查箱子内侧和底部。

（7）检查完毕后将物品复原。

3. 手工开包、箱检查的注意事项

（1）检查包、箱时，必须有受检者在场。

（2）贵重物品应轻拿轻放，以免损坏。

（3）对于需要试机检查的物品（如相机等），要求受检者亲自操作。

（4）重点检查包、箱内的非日常用品。

（5）妥善处置查出的违禁品。

（6）检查后要复原。

三、X 光安检机检查

借助 X 光安检机进行安全检查，是一种牢靠、快速、精确的检查方法。X 光安检机是发现和查找藏匿在行李物品中的各种危险品的一种有用的设备，能有效地阻止各种恐怖活动的发生，保护人们生命财产的安全。以下是用 X 光安检机进行图像识别的方法。

1. 图像监控法

X 光安检机可将被检物的信息以图像的形式显示出来，所以被检物是否可疑，取决于显现器或监视器上的图像形状是否常规。显现器或监视器上出现的异形物，都应视为可疑物品；出现的不能准确辨认的物品,也应视为可疑物品,需仔细检查,可将图像定位剖析。

2. 颜色分析法

不同的物质在 X 光图像中会呈现不同的颜色,所以可以借助颜色分析法进行物质种类的辨识。

3. 复原判断法

行李中的物品,放置的角度不一样,在 X 光下呈现图像的形状也会不一样,有时会变形,以致改变了本来面目。可通过改换行李在 X 光通道中的视点的办法,以助物品恢复原形。

4. 层次分析法

检查重叠在一起的物体,应从显示器图像中未重叠的边际着手检查,再通过对层次色彩和形状的剖析做出判断。

5. 特征判断法

任何物体都有它的特征,保安员应结合物体的特征来认定物品,如洗面奶和发胶在显示器中显示的颜色相同,但发胶上面有发动按键,保安员可借此做出判断。

6. 结构判断法

一般物体都有它特定的结构,经过 X 光透视,如发现物体缺少了某部分结构,或增加了某部分结构,如收音机内无电池、无磁棒或无喇叭,都应高度注意。

7. 比例判断法

物体放置在接近 X 光源一侧,图像就会大一些;放置在远离 X 光源一侧,图像就会小一些。保安员应准确把握这一规律,以对物品做出准确的判断。

8. 综合分析法

保安员应留意对监视器上的亮度进行调整。如果亮度不合适,会影响检查。一般图像的亮度不深也不浅,如发现可疑物,要根据其形状和厚度来恰当调整亮度，以方便检查。

四、违禁品、危险品和限带品基本处置方法

（1）安全检查过程中，保安员发现受检者携带限带品时，应告知其丢弃或自行处理。

（2）安全检查过程中，查出枪支弹药、爆炸可疑物品、腐蚀性物品、放射性物品等违禁品，保安员应按应急处置要求迅速报告现场安全部门进行处理。

（3）安全检查过程中器材出现故障，保安员应开展徒手检查，注意缓解人群拥堵状况，同时通知器材保障方进行抢修。

（4）安检口发生人群拥堵时，应调配保安员，加快安检速度。如果人员急剧增多、秩序严重混乱，应立即终止检查，保安员可到安检口外进行封闭控制，同时请求现场安保力量支援。

（5）检查中，复检仍不能排除疑点的，应当报告行业主管部门处理。对检查中发现的遗留在活动区域内无人认领的包、箱，经初步检查无法排除可疑的，要迅速报告上级主管部门。